经济管理虚拟仿真实验系列教材

证券投资分析实验

ZHENGQUAN TOUZI FENXI SHIYAN

主 编 唐 平

西南财经大学出版社
Southwestern University of Finance & Economics Press
中国·成都

图书在版编目(CIP)数据

证券投资分析实验/唐平主编.—成都:西南财经大学出版社,2020.7
(2024.1 重印)
ISBN 978-7-5504-3473-8

Ⅰ.①证… Ⅱ.①唐… Ⅲ.①证券投资—投资分析—实验—高等学校—教材 Ⅳ.①F830.91-33

中国版本图书馆 CIP 数据核字(2020)第 081454 号

证券投资分析实验
主编:唐平

责任编辑:李特军
封面设计:杨红鹰　张姗姗
责任印制:朱曼丽

出版发行	西南财经大学出版社(四川省成都市光华村街 55 号)
网　　址	http://cbs.swufe.edu.cn
电子邮件	bookcj@swufe.edu.cn
邮政编码	610074
电　　话	028-87353785
照　　排	四川胜翔数码印务设计有限公司
印　　刷	郫县犀浦印刷厂
成品尺寸	185mm×260mm
印　　张	12
字　　数	274 千字
版　　次	2020 年 7 月第 1 版
印　　次	2024 年 1 月第 2 次印刷
印　　数	2001— 3000 册
书　　号	ISBN 978-7-5504-3473-8
定　　价	36.00 元

总 序

高等教育的任务是培养具有实践能力和创新创业精神的高素质人才。实践出真知。实践是检验真理的唯一标准。大学生的知识、能力、素养不仅来源于书本理论与老师的言传身教，更来源于实践感悟与经历体验。

我国高等教育从精英教育向大众化教育转变，客观上要求高校更加重视培育学生的实践能力和创新创业精神。以往，各高校主要通过让学生到企事业单位和政府机关实习的方式来训练学生的实践能力。但随着高校不断扩招，传统的实践教学模式受到学生人数多、岗位少、成本高等多重因素的影响，越来越无法满足实践教学的需要，学生的实践能力的培育越来越得不到保障。鉴于此，各高校开始探索通过实验教学和校内实训的方式来缓解上述矛盾，而实验教学也逐步成为人才培养中不可替代的途径和手段。目前，大多数高校已经认识到实验教学的重要性，认为理论教学和实验教学是培养学生能力和素质的两种同等重要的手段，二者相辅相成、相得益彰。

相对于理工类实验教学而言，经济管理类实验教学起步较晚，发展相对滞后。在实验课程体系、教学内容（实验项目）、教学方法、教学手段、实验教材等诸多方面，经济管理实验教学都尚在探索之中。要充分发挥实验教学在经济管理类专业人才培养中的作用，需要进一步深化实验教学的改革、创新、研究与实践。

重庆工商大学作为具有鲜明财经特色的高水平多科性大学，高度重视并积极探索经济管理实验教学建设与改革的路径。学校经济管理实验教学中心于2006年被评为“重庆市市级实验教学示范中心”，2007年被确定为“国家级实验教学示范中心建设单位”，2012年11月顺利通过验收成为“国家级实验教学示范中心”。经过多年的努力，我校经济管理实验教学改革取得了一系列成果，按照能力导向构建了包括学科基础实验课程、专业基础实验课程、专业综合实验课程、学科综合实验（实训）课程和创新创业类课程五大层次的实验课程体系，真正体现了“实验教学与理论教学并重、实验教学相对独立”的实验教学理念，并且建立了形式多样，以过程为重心、以学生为中心、以能力为本位的实验教学方法体系和考核评价体系。

2013年以来，学校积极落实教育部及重庆市教委建设国家级虚拟仿真实验教学中心的相关文件精神，按照“虚实结合、相互补充、能实不虚”的原则，坚持以能力为导向的人才培养方案制定思路，以“培养学生分析力、创造力和领导力等创新创业能力”为目标，以“推动信息化条件下自主学习、探究学习、协作学习、创新学习、创业学习等实验教学方法改革”为方向，创造性地构建了“‘123456’经济管理虚拟仿真实验教学资源体系”，即：“一个目标”（培养具有分析力、创造力和领导力，适应经济社会发展需要的经济管理实践与创新创业人才）、“两个课堂”（实体实验课堂和虚拟仿真实验课堂）、“三种类型”（基础型、综合型、创新创业型实验项目）、“四大载体”（学科专业开放实验平台、跨学科综合实训及竞赛平台、创业实战综合经营平台和实验教学研发平台）、“五类资源”（课程、项目、软件、案例、数据）、“六个结合”（虚拟资源与实体资源结合、资源与平台结合、专业资源与创业资源结合、实验教学与科学研究结合、模拟与实战结合、自主研发与合作共建结合）。

为进一步加强实验教学建设，在原有基础上继续展示我校实验教学改革成果，由学校经济管理虚拟仿真实验教学指导委员会统筹部署和安排，计划推进“经济管理虚拟仿真实验系列教材”的撰写和出版工作。本系列教材将在继续体现系统性、综合性、实用性等特点的基础上，积极展示虚拟仿真实验教学的新探索，其所包含的实验项目设计将综合采用虚拟现实、软件模拟、流程仿真、角色扮演、O2O操练等多种手段，为培养具有分析力、创造力和领导力，适应经济社会发展需要的经济管理实践与创新创业人才提供更加“接地气”的丰富资源和“生于斯、长于斯”的充足养料。

本系列教材的编写团队具有丰富的实验教学经验和专业实践经历，一些作者还是来自相关行业和企业的实务专家。他们勤勉耕耘的治学精神和扎实深厚的执业功底必将为读者带来智慧的火花和思想的启迪。希望读者能够从中受益。在此对编者们付出的辛勤劳动表示衷心感谢。

毋庸讳言，编写经济管理类虚拟仿真实验教材是一种具有挑战性的开拓与尝试，加之虚拟仿真实验教学和实践本身还在不断地丰富与发展，因此，本系列实验教材必然存在一些不足甚至错误，恳请同行和读者批评指正。我们希望本系列教材能够推动我国经济管理虚拟仿真实验教学的创新发展，能为培养具有实践能力和创新创业精神的高素质人才尽绵薄之力！

重庆工商大学校长、教授

孙芳城

2017年12月25日

前 言

随着我国经济的迅速发展，金融体制改革逐步深化，证券市场的发展取得了突破性进展，规模不断扩大，市场参与主体日趋多元，我国资本市场已成为全球第二大股票市场、第三大债券市场、第一大商品期货市场。与此同时，人们拥有的财富越来越多，品种也越来越多样。居民已经进入财富管理时代，学会和掌握证券投资方法和技能显得越来越重要。

《证券投资分析实验》教材以培养大学生熟练掌握证券投资理论知识和实践操作能力为目的，根据教师的证券操作实战技能和证券投资分析教学经验，同时引入了往届学生在实验过程中编写的实验报告，为学生学习提供参考和借鉴。本书的知识体系由实验基础篇、分析方法篇和实验操作篇三部分组成。实验基础篇讲解了股票、债券、基金、期货和期权；分析方法篇从证券投资基本面分析和技术分析角度讲解了证券投资技能；实验操作篇讲解了证券投资实战操作，包含证券交易软件操作流程实验、证券投资分析基本面实验、证券投资技术理论实验、证券投资技术指标实验、债券实验、证券投资基金实验、金融衍生工具实验和证券投资典型技术分析案例。

《证券投资分析实验》教材设计源于实践，成于实验，着重培养学生的自主学习能力、实验动手能力和创新能力，通过教师的讲解和学生的实战操作，使学生提升证券投资分析能力，积累丰富的投资理财经验。

本书在编写过程中参考了证券从业人员资格考试辅导教材，也参考了同行编写的教材，在此编者深表谢意！实验报告模板是编者根据教学经验自主设计的，实验报告是编者在教学过程中收集的学生撰写的比较典型的实验报告，以便教师和学生在日后的教学过程中对这些案例进行讨论，并分析这些案例的优点和缺点，从而达到提高学生证券投资水平的目的。

重庆工商大学财政金融学院研究生范其浩、闵乾、赖陈鑫、陈泳吉、何松、易雯頔、龚政、王杰同学参与了本书的编写工作。同时，我们借此机会向关心本书出版和为本书出版付出辛勤劳动的人士表示衷心感谢！

由于编者自身的学识、能力有限，本书难免存在不足之处，敬请读者谅解并不吝赐教。

编者

2020 年 1 月

目 录

实验基础篇

分析方法篇

实验操作篇

实验基础篇

第一章　股票

第一节　基本操作

一、开立账户

（一）开立账户说明

开立账户是指投资者（个人或单位）开设证券账户和资金账户的行为。证券账户用来记载投资者所持有的证券种类、数量和相应的变动情况，资金账户则用来记载和反映投资者买卖证券的货币收付和结存数额。根据我国第三方存管的相关规定，投资者还需持有效身份证、银行卡及办理的股票账户到选定的银行办理第三方存管，关联银行卡和股票账户，即开通“银证通”。

同一个自然人、法人可以开立不同类别和用途的证券账户，也可以开立多个证券账户。一般情况下，投资者首先开立上海 A 股账户和深圳 A 股账户；如果投资者持有港币要进行证券投资的，则开立深圳 B 股账户；如果投资者持有美元要进行证券投资的，则开立上海 B 股账户；已经开立 A 股账户的投资者，中国证券登记结算有限责任公司已允许其对基金进行投资，不必再开立基金账户。本账户也可以用于国债交易。

（二）开立账户步骤

1. 办理上海、深圳证券账户卡

投资者可以通过所在地的证券营业部或证券登记机构办理，需要提供本人有效身份证及复印件，委托他人代办的，还需要提供代办人身份证及复印件。

2. 证券营业部开户

（1）所需证件：投资者提供个人身份证原件及复印件，深、沪证券账户卡原件及复印件。

（2）填写开户资料并与证券营业部签订证券买卖委托合同（证券委托交易协议书），同时签订有关沪市的指定交易协议书。

（3）证券营业部为投资者开设资金账户。

（4）需开通证券营业部银证转账业务功能的投资者，注意查阅证券营业部有关此类业务功能的使用说明。

3. “银证通”开户

（1）银行网点办理开户手续：持本人有效身份证、银行同名储蓄存折（如无，可当场开立）及深沪股东代码卡到已开通“银证通”业务的银行网点办理开户手续。

（2）填写表格：填写证券委托交易协议书和银券委托协议书。

（3）设置密码：校验表格无误后，当场输入交易密码，并领取协议书客户联，即可查询和委托交易。

（三）股票交易流程

我国上海证券交易所、深圳证券交易所的股票交易流程如图 1-1 所示。

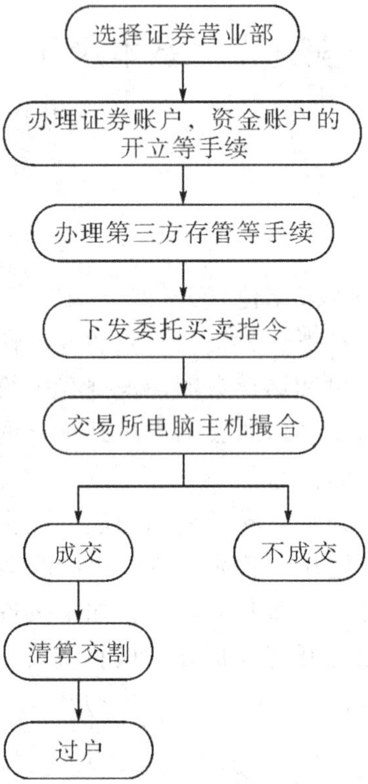

图 1-1　我国上海证券交易所、深圳证券交易所的股票交易流程

二、股票买卖过程

股票的买卖又称下单，下单又称发出委托指令（简称“委托”），是指投资者按规定方式向证券公司发出买入、卖出证券指令的行为。按规定，投资者不能进入证券交易所进行直接交易，必须通过向证券公司发出委托指令的方式买卖证券交易所上市交易的证券。证券公司收到投资者的委托指令后，对委托人的身份、委托内容进行审核，将符合要求的有效委托，按“价格优先、时间优先”原则通过通信网络传递到证券交易所的撮合主机。

投资者根据开户时选择的委托方式，可以到开户的证券公司的营业部进行柜台委托或在营业部提供的报价终端上发出委托指令；也可以选择电话委托，或者是网上委托。

目前，网上委托是投资者普遍使用的一种委托方式。网上委托是指证券公司营业部通过互联网，向委托人提供用于下达证券交易指令、获取成交结果的一种服务方式。网上委托的步骤如下：

第一步：投资者打开开户时选择的证券公司的官网，下载并安装证券公司提供的交易软件。

第二步：投资者打开证券交易软件，选择登录的账号类型，包括资金账号、上证 A 股、深证 A 股、上证 B 股、深证 B 股，输入密码和验证码。证券交易软件登录界面如图 1-2 所示。

图 1-2　证券交易软件登录界面

第三步：银证转账。投资者将关联的银行卡上的一定量的资金导入在证券公司营业部开设的资金账户中。银证转账软件界面如图 1-3 所示。

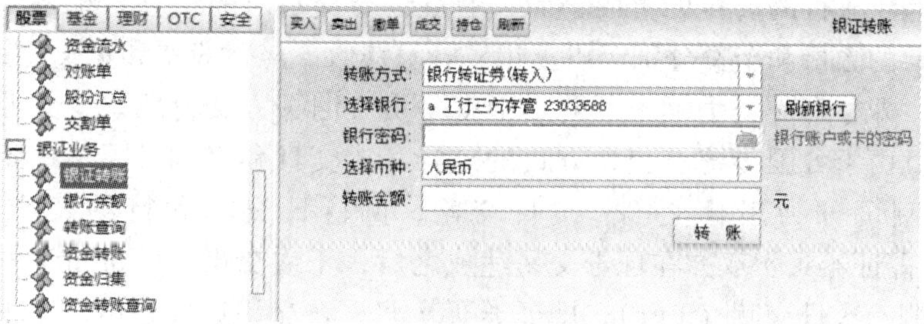

图 1-3　银证转账软件界面

第四步：投资者在交易时间段发出委托指令。首先，选择交易的品种（股票证券或港股通或深港通）；其次，选择交易方向；最后，填写或选择要交易的证券代码、买入或卖出的价格，市价买卖系统自动提示，点击“买入下单”“买入”，向证券公司发送委托指令。在委托未成交前，投资者可撤销委托，撤销委托后，还可以重新委托。交易软件界面如图 1-4 所示。

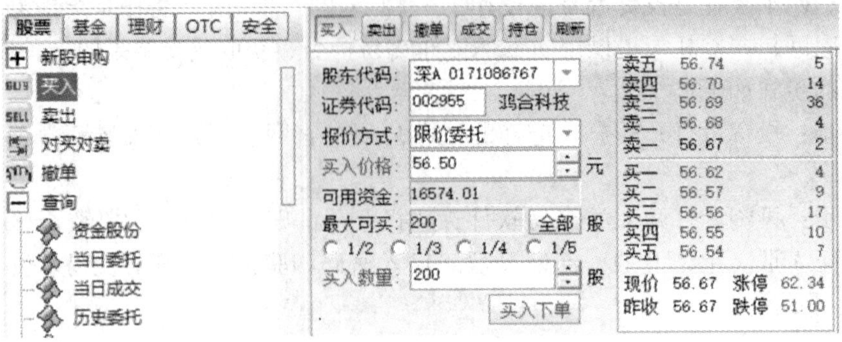

图 1-4 交易软件界面

三、竞价交易

投资者的委托指令经证券公司营业部审核，按“价格优先、时间优先”原则申报进入证券交易所电脑撮合主机后，通过竞价方式由计算机进行撮合成交。撮合主机首先对接收到的委托指令进行合法性检测，然后根据委托价格和申报时间对委托单进行排队，根据“价格优先，时间优先”撮合成交原则自动将其配对和撮合成交。成交后，证券交易所的撮合主机立即将成交信息通过通信线路传送给证券公司营业部。不能成交的委托按“价格优先、时间优先”原则排队等候。

四、股票结算与过户

（一）股票结算

成交后的后续处理工作即证券结算，包括清算和交割两个过程。清算是指买卖双方在证券交易所进行的证券买卖成交后，通过证券交易所的结算系统将各证券商之间代理买卖股票的数量和金额分别予以抵销，计算应收、应付股票和资金差额的过程。

清算后，即办理交割手续。所谓交割就是卖方向买方交付股票、买方向卖方支付价款的行为。由于各国传统及交易方式的差异，成交日和交割日不尽一致。按交割日的不同，交割可分为当日交割、次日交割、例行日交割和特约日交割。当日交割（T+0），即证券买卖双方在证券交易达成之后，于成交当日即进行证券和价款的收付，完成交割；次日交割（T+1），即证券买卖双方在交易达成之后，于下一营业日进行证券和价款的收付，完成交割；例行日交割，即证券买卖双方在交易达成之后，按所在交易所的规定，在成交日后的某个营业日内进行交割；特约日交割，即证券买卖双方在交易达成之后，由双方根据具体情况商定，在从成交日算起 15 天以内的某特定契约日进行交割。

目前，我国上海证券交易所、深圳证券交易所的股票交易实行次日交割（T+1）制度。

（二）过户

过户是投资者买入股票后，办理变更股东名称的过程，即将股票所有权从原持有方（股票卖方）名下转到新持有方（股票买方）名下的过程。股票有记名股票与不记名股票两种，记名股票的转让必须办理过户手续。在我国证券市场上流通的股票基本上都是记名股票，都应该办理过户手续才能生效。

上海证券交易所的过户手续采用电脑自动过户，买卖双方一旦成交，过户手续就已经办完。深圳证券交易所则是在买卖双方成交后，把成交情况传到证券登记过户公司，将买卖记录在股东开设的账户上。

第二节 交易规则和常用术语

一、交易规则

（一）竞价原则

证券交易所内的证券交易按“价格优先、时间优先”原则竞价成交。

成交价格优先的原则：较高的价格买入申报优先于较低的价格买入申报，较低的价格卖出申报优先于较高的价格卖出申报。

成交时间优先的原则：买卖方向、价格相同的，先申报者优先于后申报者。先后顺序按交易主机接受申报的时间确定。

（二）竞价方式

目前，我国证券市场采用两种竞价方式：集合竞价方式和连续竞价方式。

上海证券交易所、深圳证券交易所规定，采用竞价交易方式的，每个交易日的9:15—9:25为开盘集合竞价时间，9:30—11:30、13:00—14:57为连续竞价时间，14:57—15:00为收盘集合竞价时间。上海证券交易所从2018年8月20日起，将14:57—15:00改为收盘集合竞价时间。

1. 集合竞价

所谓集合竞价，是指对在规定的一段时间内接受的买卖申报一次性集中撮合的竞价方式。根据我国证券交易所的相关规定，集合竞价确定成交价的原则如下：

（1）可实现最大成交量的价格。

（2）高于该价格的买入申报与低于该价格的卖出申报全部成交的价格。

（3）与该价格相同的买方或卖方至少有一方全部成交的价格。

如有两个以上申报价格符合上述条件的，深圳证券交易所取距前收盘价最近的价格为成交价。上海证券交易所规定使未成交量最小的申报价格为成交价格，若还是有两个以上使未成交量最小的申报价格符合上述的条件的，取其中间价为成交价。集合竞价的所有交易以同一价格成交。

然后，证券交易所进行集中撮合处理。所有买方有效委托限价由高到低排列，限价相同者按照进入交易系统电脑主机的时间先后排列。交易系统依序逐笔将排在前面的买方委托配对成交。

2. 连续竞价

连续竞价是指对买卖申报逐笔连续撮合的竞价方式。连续竞价的特点是每一笔买卖委托输入电脑自动撮合系统后，系统当即判断并进行不同的处理：能成交者予以成交，不能成交者等待机会成交，部分成交者则让剩余部分继续等待。

连续竞价时，成交价格的确定原则如下：

（1）最高买入申报价格与最低卖出申报价格相同时，以该价格为成交价。

（2）买入申报价格高于即时揭示的最低卖出申报价格时，以即时揭示的最低卖出申报价格为成交价。

（3）卖出申报价格低于即时揭示的最高买入申报价格时，以即时提示的最高买入申报价格为成交价。

我国实行涨跌幅限制制度。根据现行制度规定，无论买入或卖出股票（含 A、B 股）、基金类在 1 个交易日内的交易价格相对上一个交易日收市价格的涨跌幅不得超过 10%，其中 ST 股票、* ST 股票价格涨跌幅比例都为 5%。首次公开发行上市的股票、封闭式基金上涨最高 44%。

科创板股票竞价交易实行价格涨跌幅限制，涨跌幅比例为 20%。科创板股票涨跌幅价格的计算公式为：涨跌幅价格=前收盘价×（1±涨跌幅比例）。首次公开发行上市、增发上市的股票，上市后的前 5 个交易日不设价格涨跌幅限制。

（三）竞价结果

竞价的结果有三种可能：全部成交、部分成交、不成交。

1. 全部成交

委托人为委托如果全部成交，证券公司应及时通知委托人按规定的时间办理交割手续。

2. 部分成交

委托人的委托如果未能全部成交，证券公司在委托有效期内可继续执行，直到有效期结束。

3. 不成交

委托人的委托如果未能成交，证券公司在委托有效期内可继续执行，等待机会成交，直到有效期结束。对委托人失效的委托，证券公司须及时将冻结的资金或证券解冻。

（四）交易费用

投资者在委托证券时，需支付多项费用和税收，如佣金、过户费、印花税等。

1. 佣金

佣金是投资者在委托买卖证券成交后按成交金额一定比例支付的费用，是证券公司为客户提供证券代理买卖服务收取的费用。此项费用由证券公司经纪佣金、证券交易监管费及证券交易所手续费等组成。佣金的收费标准因交易品种、交易所的不同而有所差异。从 2002 年 5 月 1 日开始，A 股、B 股、证券投资基金的交易佣金实行最高上限向下浮动制度。证券公司向客户收取的佣金（包括代收的证券交易监管费和证券交易所手续费等）不得高于证券交易金额的3‰，也不得低于代收的证券交易监管费和证券交易所手续费等。A股、证券投资基金每笔交易佣金不足5元的，按5元收取；B股每笔交易佣金不足1美元或5港元的，按1美元或5港元收取。国债现券、企业债（含可转换债券）、国债回购以及以后出现的新的交易品种，其交易佣金标准由证券交易所制定并报中国证监会和国家发展改革委备案，备案15天内无异议后实施。

2. 过户费

过户费是委托买卖的股票、基金成交后，买卖双方为变更证券登记所支付的费用。这笔收入属于登记结算公司的收入，由证券公司在同投资者清算交割时代为扣收。

根据《中国结算关于降低股票交易过户费收费标准的通知》，中国证券登记结算有限责任公司决定，自2022年4月29日起，将股票交易过户费总体下调50%，即股票交易过户费由现行沪深市场A股按照成交金额0.02‰、北京市场A股和挂牌公司股份按照成交金额0.025‰双向收取，统一下调为按照成交金额0.01‰双向收取。

3. 印花税

印花税是根据国家税法规定，在A股和B股成交后对买卖双方投资者按照规定的税率分别征收的税金。对于中国证券市场，股票交易印花税是政府增加税收收入的一个手段。

印花税的缴纳是由证券经营机构在同投资者交割中代为扣收，然后在证券经营机构同证券交易所或登记结算机构的清算交割中集中结算，最后由登记结算机构统一向征税机关缴纳。2008年9月19日起，印花税由双边征收改为单边征收，税率保持1‰。出让方按1‰的税率缴纳股票交易印花税，受让方不再征收。基金、债券等均无此项费用。2023年8月27日，财政部、税务总局发布《关于减半征收证券交易印花税的公告》，为活跃资本市场、提振投资者信心，自2023年8月28日起，证券交易印花税实施减半征收。

二、常用术语

（一）交易市场

（1）主板市场：也称为一板市场，指传统意义上的证券市场（通常指股票市场），是一个国家或地区证券发行、上市及交易的主要场所。

（2）中小企业板市场：是深圳证券交易所为了鼓励自主创新，而专门设置的中小型公司聚集板块，板块内公司普遍具有收入增长快、盈利能力强、科技含量高的特点。

（3）创业板市场：又称二板市场即第二股票交易市场，是与主板市场不同的一类证券市场，专为暂时无法在主板上市的创业型企业、中小企业和高科技产业企业等需要进行融资和发展的企业提供融资途径和成长空间的证券交易市场，是对主板市场的重要补充，在资本市场占有重要的位置。

（4）科创板市场：英文是Sci-Tech innovation board（STAR Market），是由国家主席习近平于2018年11月5日在首届中国国际进口博览会开幕式上宣布设立的，是独立于现有主板市场的新设板块，并在该板块内进行注册制试点。

（5）新三板市场：原指中关村科技园区非上市股份有限公司进入代办股份系统进行转让试点，因为挂牌企业均为高科技企业而不同于原转让系统内的退市企业及原全国证券交易自动报价系统（STAQ 系统）、NET 系统挂牌公司，故被形象地称为“新三板”。目前，新三板不再局限于中关村科技园区非上市股份有限公司，而是全国性的非上市股份有限公司股权交易平台，主要针对的是中小微型企业。

（二）市场行情

（1）多头市场，又称牛市，指股票市场上买入者多于卖出者，股市行情看涨的市场。牛市为股价普遍上涨。

（2）空头市场，亦称熊市，熊市与牛市相反，指股票市场上卖出者多于买入者，股市行情看跌的市场。熊市的股价呈长期下降趋势，股价变动情况是大跌小涨。

（三）交易价格

（1）开盘价：根据我国现行的交易规则，证券交易所证券交易的开盘价为当日该证券的第一笔成交价。证券的开盘价通过集合竞价方式产生。不能产生开盘价的，以连续竞价方式产生。按集合竞价产生开盘价后，未成交的买卖申报仍然有效，并按原申报顺序自动进入连续竞价。

（2）收盘价：上海证券交易所、深圳证券交易所证券的收盘价通过当天交易的最后 3 分钟集合竞价方式产生收盘价。收盘集合竞价阶段为 14:57—15:00。

（3）最高价：是指当日所成交价格中的最高价位，有时最高价只有一笔，有时也不止一笔。

（4）最低价：是指当日所成交的价格中的最低价位，有时最低价只有一笔，有时也不止一笔。

（四）股票类型

（1）绩优股：是指那些业绩优良，但增长速度较慢的公司的股票。这类公司有实力抵抗经济衰退，但这类公司并不能给投资者带来振奋人心的利润。因为这类公司，其业务较为成熟，不需要花很多钱来扩展业务，所以投资这类公司的目的主要在于拿股息。另外，投资者在投资这类股票时，要注意其市盈率不能太高，同时要注意股价在历史上经济不景气时波动的记录。

（2）热门股：是指交易量大、流通性强、股价变动幅度较大的股票，其市场关注度较高。

（3）成长股：是指这样一些公司所发行的股票，它们的销售额和利润额持续增长，而且其速度快于整个国家和本行业的增长。这些公司通常有宏图伟略，注重科研，留有大量利润作为再投资以促进其扩张。

（五）交易单位

（1）手：A 股、B 股及基金的一手为 100 股或 100 元面值。委托买入量为每手的倍数。如有低于一手的零股需要卖出，则需一次性委托卖出，不能分次委托。债券现货、可转换债券和回购每手为 1 000 元面值。

（2）成交量：反映成交的数量多少，一般可用成交股数和成交金额两项指标来衡量。目前深、沪股市两项指标均能显示出来。

（六）专用词语

（1）停牌：又称停止证券上市，证券交易所对在本所上市的有价证券要进行定期或不定期的审核或复核，如发现某上市证券不宜继续上市时，交易所可开具停止证券上市通知书，暂停其上市。停止证券上市一般有一个规定的时间。暂停证券被暂停的原因消除后，由交易所开具恢复上市通知书恢复其上市。倘若该暂停证券在暂停期满后仍未消除其被暂停的原因，通常就要终止其上市。上市证券的停牌、恢复均应报主管机构备案，并由交易所予以公告。不同的证券交易所停牌的情况各不一样。

（2）涨跌：以每天的收盘价与前一天的收盘价相比较，来决定股价是涨还是跌。一般在交易台上方的公告牌上用“+”“-”号表示。

（3）涨（跌）停板：交易所规定的股价一天中涨（跌）最大幅度为前一日收盘价的百分数，不能超过此限，否则自动停止交易。

（4）整理：股价经过一段急剧上涨或下跌后，开始小幅度波动，进入稳定变动阶段，这种现象称为整理，整理是下一次大变动的准备阶段。

（5）跳空：指受强烈利多或利空消息刺激，股价开始大幅度跳动。跳空通常在股价大变动的开始或结束前出现。

（6）市盈率：英文 Price Earnings Ratio，简称“P/E”或“PER”，也称“本益比”“股价收益比率”或“市价盈利比率”。市盈率是指股票价格除以每股收益的比率，或公司市值除以年度股东应占溢利。市盈率是最常用来评估股价水平是否合理的指标之一，是很具参考价值的股市指针。投资者往往不认为严格按照企业会计准则计算得出的盈利数字真实反映公司在持续经营基础上的获利能力，因此，证券分析师往往自行对公司正式公布的净利润加以调整。

（7）回档：是指股价在上升过程中，因上涨过快而暂时回跌的现象。

（8）反弹：是指在下跌的行情中，股价有时由于下跌速度太快，受到买方支撑而暂时回升的现象。反弹幅度较下跌幅度小，反弹后恢复下跌趋势。

（9）多头：是指投资者对股票后市看好，先行买进股票，等股价涨至某个价位，卖出股票赚取差价。

（10）空头：是指投资者认为股价已上涨到了最高点，很快便会下跌，或当股票已开始下跌时，认为还会继续下跌，趁高价时卖出股票。

（11）买空：是指在买空交易中，如果投资者预计某一证券价格将上升，想多买一些该证券但手头资金不足，可以通过交纳保证金向证券商借入资金买进证券，等待价格涨到一定程度时再卖出以获取价差。

（12）卖空：是指在买空交易中，如果投资者预计股价将下跌，因而卖出股票，在发生实际交割前，将卖出股票如数补进，交割时，只结清差价的投机行为。

（13）利空：是促使股价下跌，对空头有利的因素和消息。

（14）利多：是刺激股价上涨，对多头有利的因素和消息。

（15）套牢：是指预期股价上涨，不料买进后，股价一路下跌；或是预期股价下跌，卖出股票后，股价却一路上涨。前者称多头套牢，后者是空头套牢。

（16）大户：就是大额投资人，如财团、信托公司以及其他拥有庞大资金的集团或个人。

（17）散户：就是买卖股票数量很少的小额投资者。

（18）经纪人：是指执行客户命令，买卖证券、商品或其他财产，并为此收取佣金者。

（19）抢短线：是指预期股价上涨，先低价买进再在短期内以高价卖出；或预期股价下跌，先高价卖出再伺机在短期内以低价回购。

（20）盘整：是指股价经过一段快速上升或下降后，遭遇阻力或支撑而呈小幅涨跌变动，做换手整理。

（21）抬拉：是用非常方法，将股价大幅度抬起。通常大户在抬拉之后便大量抛出以牟取暴利。

（22）打压：是用非常方法，将股价大幅度压低。通常大户在打压之后便大量买进以牟取暴利。

（23）黑马股：是指股价在一定时间内，上涨一倍或数倍的股票。

（24）白马股：是指股价已形成慢慢上涨的长升通道，还有一定的上涨空间。

（25）骗线：大户利用股民们迷信技术分析数据、图表的心理，故意抬拉、打压股指，致使技术图表形成一定线型，引诱股民大量买进或卖出，从而达到他们大发其财的目的。这种欺骗性的技术图表线型称为骗线。

（26）除权：一种是指股票的发行公司依一定比例分配股票给股东，作为股票股利，此时增加公司的总股数，还有一种是指股票的发行公司向股东配股。

（27）派息：是指公司以税后利润，在弥补以前年度亏损、提取法定公积金及任意公积金后，将剩余利润以现金或股票的方式，按股东持股比例或按公司章程的规定进行分配的行为。

（28）增资：是指已成立的股份公司发行新股票。上市公司为业务需求经常会办理增资（有偿配股）或资本公积新增资（无偿配股）。

（29）配股：是指公司增发新股时，按股东所有人份数，以特价（低于市价）分配给股东认购。

（30）跳空：是指股市受到强烈利多或利空消息的刺激，股价开始大幅跳动。在上涨时，当天的开盘价或最低价高于前一天的收盘价两个申报单位，称“跳空而上”；下跌时，当天的开盘价或最高价低于前一天的收盘价两个申报单位，或在一天的交易中，上涨或下跌超过一个申报单位，称“跳空而下”。

第二章 债券

第一节 基本操作

一、债券交易操作流程

（一）债券场内交易操作流程

场内交易也称交易所交易，证券交易所是证券市场交易的核心。债券的交易过程由五个步骤构成，与股票交易类似，即开户、委托、成交、清算和交割、过户。

1. 开户

投资者进入证券交易所参与债券交易，首先开立证券账户，投资者可以用交易股票的证券账户进行债券交易。

（1）订立开户合同。开户合同应包括如下事项：委托人的真实姓名、住址、年龄、职业、身份证号码等；委托人与证券公司之间的权利和义务，并同时认可证券交易所的营业细则和相关规定以及经纪商公会的规章作为开户合同的有效组成部分；确立开户合同的有效期限，以及延长合同期限的条件和程序。

（2）开立账户。投资者与证券公司签订开户合同后，就可以开立账户，为自己从事债券交易做准备。我国上海证券交易所允许开立的账户有现金账户和证券账户。现金账户只能用来买进债券并通过该账户支付买进债券的价款，证券账户只能用来交割债券。

2. 委托

投资者开立了证券账户后，要想真正上市交易，还必须到证券公司办理证券交易委托手续，这是一般投资者进入证券交易所的必经程序，也是债券交易的必经程序。图 2-1 为证券账户债券交易。

（1）委托关系的确立。投资者与证券公司之间委托关系的确立，其核心程序就是投资者向证券公司发出“委托”，方式如下：①投资者按照图 2-1 填写“委托单”，登录交易系统，股东代码自动产生。②投资者填写要购买的债券编码，如“19 国债 13”的代码为 019623。③报价方式有三项选择：限价委托、五档即成剩撤、五档即成转限价。④投资者如果选择“限价委托”就立即填入买入价格；⑤投资者填写交易数量，以张为单位，1 张面值为 100 元；⑥投资者点击交易下单。

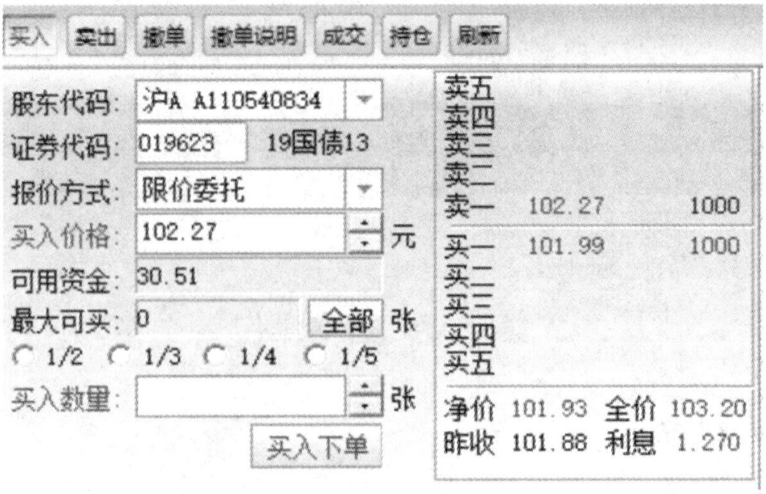

图 2-1　证券账户债券交易

3. 成交

（1）债券成交的原则。在证券交易所内，债券成交就是要使买卖双方在价格和数量上达成一致。这个程序必须遵循特殊的原则，又称竞争原则。这种竞争原则的主要内容是“三先”，即价格优先、时间优先、客户委托优先。价格优先就是证券公司按照最有利于投资委托人利益的交易价格买进或卖出债券。时间优先就是要求在相同的价格申报时，证券公司应该与最早提出该价格的一方成交。客户委托优先主要是要求证券公司在自营买卖和代理买卖之间，首先进行代理买卖。

（2）竞价的方式。证券交易所的交易价格按竞价的方式进行。竞价的方式包括口头唱报、板牌报价以及计算机终端申报竞价。

4. 清算和交割

债券交易成立以后就必须进行券款的交付，这就是债券的清算和交割。

（1）债券的清算。债券的清算是指对同一证券公司在同一交割日对同一国债的买和卖相互抵销，确定出应当交割的债券数量和应当交割的价款数额，然后按照净额交收原则办理债券和价款的交割。一般在证券交易所当日闭市时，清算机构便依据当日场内成交单所记载的各证券公司买进和卖出某种债券的数量及价格，计算出各证券公司在应收应付价款相抵后的净额以及各种债券相抵后的净额，编制成当日的清算交割表。各证券公司核对后再编制该证券公司当日的交割清单，并在规定的交割日办理交割手续。

（2）债券的交割。债券的交割就是将债券由卖方交给买方，将价款由买方交给卖方。在证券交易所交易的债券，其交割方式按照交割日期的不同，可分为当日交割、普通日交割和约定日交割三种。例如，上海证券交易所规定：当日交割是在买卖成交当天办理券款交割手续；普通日交割是买卖成交后的第四个营业日办理券款交割手续；约定日交割是买卖成交后的 15 日内，买卖双方约定某一日进行券款交割。

5. 过户

债券成交，交割手续办理后，最后一道程序是完成债券的过户。过户是指将债券的所有权从一个所有者名下转移到另一个所有者名下。过户的基本程序包括：

（1）债券原所有人在完成清算交割后，应领取并填写过户通知书，加盖印章后随同债券一起送到证券公司的过户机构。

（2）债券新持有者在完成清算交割后，向证券公司索取印章卡，加盖印章后送到证券公司的过户机构。

（3）证券公司的过户机构收到过户通知书、债券及印章卡后，加以审查，若手续齐备，则注销原债券持有者证券账户上相同数量的该种债券，同时在其现金账户上增加与该笔交易价款相等的金额。对于债券的买方，则在其现金账户上减少价款，同时在其证券账户上增加债券的数量。

（二）场外债券交易（柜台交易）程序

场外债券交易就是证券交易所以外的证券公司在柜台上进行的债券交易。场外债券交易又包括自营买卖债券和代理买卖债券两种。

1. 自营买卖债券的程序

自营买卖债券就是由投资者个人作为债券买卖的一方，由证券公司作为债券买卖的另一方，其交易价格由证券公司自己挂牌。自营买卖债券的程序十分简单，具体包括：

（1）买入者、卖出者根据证券公司的挂牌价格填写申请单，申请单上应载明债券的种类及买入或卖出的数量。

（2）证券公司按照买入者、卖出者申请的券种和数量，根据挂牌价格开出成交单。成交单的内容包括交易日期，成交债券的名称、单价、数量、总金额、票面金额，客户的姓名、地址，证券公司的名称、地址，经办人的姓名、业务公章等，必要时还要登记卖出者的身份证号码。

（3）证券公司按照成交情况，向客户交付债券或现金，完成交易。

2. 代理买卖债券的程序

代理买卖债券就是投资者个人委托证券公司代其买卖债券，证券公司仅作为中介而不参与买卖业务，其交易价格由委托买卖双方分别挂牌，达成一致后形成。代理买卖债券的程序包括：

（1）委托人填写委托书。委托书的内容应包括委托人的姓名和地址，委托买卖债券的种类、数量和价格，委托日期和期限等。委托卖方要交验身份证。

（2）委托人将填好的委托书交给委托的证券公司。其中，买方要交纳购买债券的保证金，卖方则要交出拟卖出的债券，证券公司为其开具临时收据。

（3）证券公司根据委托人买入或卖出委托书上的基本要素，分别为买卖双方挂牌。

（4）如果买方、卖方均为一人，则通过双方讨价还价，促使债券成交；如果买方、卖方为多人，则根据“价格优先、时间优先”的原则，按顺序办理交易。

（5）债券成交后，证券公司填写具体的成交单。成交单的内容包括成交日期，买卖双方的姓名、地址及交易机构名称，经办人姓名、业务公章等。

（6）买卖双方接到成交单后，分别交出价款和债券。证券公司收回临时收据，扣收代理手续费，办理清算交割手续，完成交易过程。

二、交易方式

上市债券的交易方式大致有债券现货交易、债券回购交易、债券期货交易和债券期权交易四种。我国的个人债券投资主要以债券现货交易为主，辅之以回购交易。

（一）债券现货交易

债券现货交易又叫现金现货交易，是债券买卖双方在成交后立即办理交割，或在很短的时间内办理交割的一种交易方式。

交割时间一般是在交易日的当天（T 日）或者次日（T+1 日）。

债券现货交易是债券流通市场上最基本的交易方式。在证券交易所市场上，普通投资者只要持有上海证券交易所、深圳证券交易所的证券账户就可以参与现货交易了。只要注明买卖债券品种的代码、价格和数量，投资者就可以像买卖股票一样委托券商进行债券买卖了。

（二）债券回购交易

债券回购交易是指出券方（债券持有方）和购券方在达成一笔交易融入资金的同时，规定出券方必须在未来某一约定时间以双方约定的价格从购券方那里购回原先卖出的债券，并以商定的利率支付利息的交易方式。与债券现货交易不同的是，一笔债券回购交易涉及出券方和购券方两个交易主体，初始交易和期满时的回购交易两次交易以及相应的两次清算。

债券回购交易按债券所有权是否发生转移可进一步分为质押式回购交易与买断式回购交易两种。质押式回购交易是指回购交易中债券现券只作为融入资金的质押品，而不发生所有权转移的回购交易，又称封闭式回购交易。买断式回购交易是指回购交易中债券现券在交易达成和到期回购时分别发生所有权转移的回购交易，又称开放式回购交易。

第二节　交易规则和常用术语

一、交易规则

（1）债券代码。上海证券交易所和深圳证券交易所（以下简称“沪深交易所”）的债券代码同样存在差异，投资者可以进入其官网进行详细了解。沪深交易所债券代码如表 2-1 所示。

表 2-1 沪深交易所证券代码

交易所类型	债券类型	代码	举例
上海证券交易所	国债	01××××，019×××	010107；019009
	地方债	13××××	2010 年地方政府债券（五期）：130054
	可转换债券	11××××	工行转债：113002
	企业债券	12××××	02 中移（15）：120203
深圳证券交易所	国债	10××××	国债 0213：100213
	地方债	10××××	地债 1310：109108
	可转换债券	12××××	深机转债：125089
	企业债券	11××××	09 华菱债：111050
银行间债券	金融债券	01××××~1×××××	06 国金债：063001

（2）计价单位。上海证券交易所和深圳证券交易所规定，以“张”为报价单位，即每 100 元面值国债的价格。

（3）申报数量与价格（见表 2-2）。

表 2-2 沪深交易所债券申购数量明细

	上海证券交易所	深圳证券交易所
买入债券数量	1 手或其整数倍（1 手=10 张）	10 张或其整数倍
卖出债券数量	1 手或其整数倍	余额不足 10 张的部分应一次性申报卖出
债券最大申报数量	不超过 1 万手	不超过 10 万张

上海证券交易所规定债券申报价格的最小变动单位为 0.01 元人民币，深圳证券交易所规定债券申报价格的最小变动单位为 0.001 元人民币。

（4）债券交易报价。对于债券的交易报价，投资者还应注意债券标价的内涵。从交易价格的组成看，债券交易有两种：全价交易和净价交易。全价交易是指在买卖证券时，以含有应计利息的价格申报并成交的交易。净价交易是指买卖证券时，以不含有应计利息的价格申报且成交的交易。

从 2002 年 3 月 25 日开始，我国国债采用净价交易。目前，上海证券交易所和深圳证券交易所的公司债券现货交易采用净价交易方式。根据其基本原理，应计利息额的计算公式为：应计利息额=［债券面值×票面利率/365（天）］×已计息天数。

（5）涨跌幅限制。上海证券交易所和深圳证券交易所对债券不设涨跌幅限制，但是对有限申报价格范围做了相关规定，如表 2-3 所示。

表 2-3　沪深交易所涨跌幅限制

交易类型	上海证券交易所	深圳证券交易所
集合竞价	前收盘价的 70%≤申报价格≤150%	发行价（x），最近成交价（y），前收盘价（z） 上市：$x-30\%x\leq$首日开盘集合竞价$\leq x+30\%x$；$y-10\%y\leq$集合竞价$\leq y+10\%y$。 非上市：$z-10\%z\leq$首日开盘集合竞价$\leq z+10\%z$；$y-10\%y\leq$集合竞价$\leq y+10\%y$
连续竞价	及时揭示最高买入×90%≤申报价格≤及时揭示最低卖出×110%；（最高申报价+最低申报价）÷2×70%≤申报价格≤（最高申报价+最低申报价）÷2×130%	上市与非上市：最近成交价（1-10%）≤连续竞价≤最近成交价（1+10%）

（6）交易费用。国债现券、企业债券（含可转换债券）、国债回购以及以后出现的新的交易品种，其交易佣金标准由证券交易所制定并报中国证监会和国家发展改革委备案，备案 15 天内无异议后实施。债券交易无过户费、印花税。

（7）交收方式。债券交易实行“T+0”方式，国债现货交易允许实行回转交易。即当天买进的债券当天可以卖出，当天卖出的债券当天可以买进。

（8）交易时间。交易所的债券交易时间和股票交易时间一致，周一至周五（法定节假日除外）交易时间为：9:15—9:25 为集合竞价、9:30—11:30 为前市连续竞价、13:00—15:00为后市连续竞价（深圳证券交易所以 14:57—15:00 为收盘集合竞价时间）。

二、常用术语

（一）债券面值

债券面值是指债券发行时所设定的票面金额，它代表着发行人借入并承诺于未来某特定日期（如债券到期日）偿付给债券持有人的金额。目前，我国发行的债券，一般是每张面额为 100 元，10 000 元的本金就可以买 10 张债券（这种情况只适用于平价发行，溢价发行和折价发行则另作别论）。这里的“每张面额为 100 元”，就可以理解为债券的面值。

在债券面值设定中，首先要规定债券面值的币种，即以何种货币作为债券面值的计价标准。确定币种主要考虑债券的发行对象。一般来说，在国内发行的债券通常以本国本位货币作为面值的计价单位；在国际金融市场筹资，则通常以债券发行地所在国家或地区的货币或以国际上通用的货币为面值的计价标准。

1. 平价发行

平价发行也称等额发行或面额发行，是指发行人以票面金额作为发行价格。

2. 折价发行

折价发行又称低价发行，指发行人发行债券时，发行价格低于债券票面金额，到期还本时依照票面金额偿还的发行方法。

3. 溢价发行

溢价发行指发行人以高于面值的发行价格发售债券。当市场利率低于息票率时，债券通常以溢价方式发行。

（二）净价交易

净价交易，是指进行债券现券交易时，以不含应计利息的价格报价并成交的交易方式，即债券持有期已计利息不计入报价和成交价格中。在进行债券现券交易清算时，买入方除按净价计算的成交价款向卖方支付外，还要向卖方支付应计利息，在交割清单的净价和应计利息中分别列示。目前净价交易采取一步到位的办法，即交易系统直接实行净价报价，同时显示债券成交价格和应计利息额，并以两项之和作为债券买卖价格；结算系统直接实行净价结算，以债券成交价格与应计利息额之和作为债券结算交割价格。

目前的银行间债券市场和交易所债券市场都实行净价交易。在净价交易下，进行债券现券交易时，以不含应计利息的价格（净价）报价和成交，而在结算时，再采用全价价格，也就是买方除按净价支付成交价款外，还要另外向卖方支付应计利息，净价和应付利息这两项在交割清单中分别列示，以便于国债交易的税务处理。全价、净价和应计利息三者的关系如下：全价=净价+应计利息。即：结算价格=成交价格+应计利息。

（三）债券期限

债券的期限即债券发行时就确定的债券还本的年限，债券到期，发行人必须偿还本金，债券持有人收回本金的权利受到法律的保护。债券按期限的长短不同可分为长期债券、中期债券和短期债券。长期债券的期限在10年以上，短期债券的期限一般在1年以内，中期债券的期限则介于两者之间。债券的期限越长，债券持有者资金周转越慢，在银行利率上升时有可能使投资收益受到影响，因此债券的投资风险也越高。为了获取与遭受的风险相对称的收益，债券的持有人当然对期限长的债券要求较高的收益率，因此长期债券价格一般要高于短期债券的价格。

债券剩余期限是指债券距离最终还本付息还有多长时间，一般以年为计算单位。其计算公式如下：剩余期限=（债券最终到期日-交易日）/365。

（四）票面利率

债券的票面利率即债券券面上载明的利率，在债券到期以前的整个时期，债券发行人都按此利率计算和支付债息。在银行存款利息不变的前提下，债券的票面利率越高，债券持有人获得的债息就越多，债券价格也就越高；反之，则越低。

1. 应计天数

应计天数是指起息日或理论付息日至结算日的实际天数。

2. 应计利息

应计利息是指自上一利息支付日至买卖结算日产生的利息收入。具体而言，零息债券是指发行起息日至交割日所含利息金额；附息债券是指本付息期起息日至交割日所含利息金额；贴现债券没有票面利率，其应计利息额设为零。应计利息的计算公式如下（以每百元债券所含利息额列示）：应计利息额=票面利率÷365×已计息天数×100。

3. 到期收益率

到期收益率是使在债券上得到的所有回报的现值与债券当前价格相等的收益率。它反映了投资者以既定的价格投资某个债券，按照复利的计算方式，得到的未来各个时期的货币收入的收益率。

4. 持有期收益率

持有期收益率是指从购入到卖出这段持有期限里所能得到的收益率。持有期收益率和到期收益率的差别在于将来值的不同。

第三章 基金

第一节 基本操作

一、封闭式基金的操作

封闭式基金，是指基金发行总额和发行期在设立时已确定，在发行完毕后的规定期限内发行总额固定不变的证券投资基金。封闭式基金的投资者在基金存续期间不能向发行机构赎回基金份额，基金份额的变现必须通过证券交易场所上市交易。基金单位的流通采取在证券交易所上市的办法，投资者日后买卖基金单位，都必须通过证券经纪商在二级市场上进行竞价交易。

封闭式基金的操作流程如下：

（一）办理申购

（1）已有上海证券交易所、深圳证券交易所的股票账户或基金账户的投资者可直接进行申购。

（2）没有上海证券交易所、深圳证券交易所的股票账户或基金账户的投资者，需在申购前持本人身份证到当地开户网点办理股票账户或基金账户的开户手续；只买基金的投资者，可以开设证券交易所基金账户。

（3）投资者根据自己的计划申购量，在申购前向自己的资金账户中存入足够的资金。一经办理申购手续，申购资金即被冻结。

（4）网上定价发行基金的委托申购手续与网上定价发行股票的委托申购手续相同。投资者可通过填写申购委托单、电话委托或磁卡委托方式在其开立资金账户的证券经营机构办理申购委托。

（二）确认中签并解冻资金

T 日：申购日。

T+1 日：将申购资金划入登记结算公司资金专户。

T+2 日：验资并出具验资报告，确认为有效申购。

T+3 日：摇号抽签。

T+4 日：公布中签结果，对未中签的申购款予以解冻。

（三）申购规则

发行方式：上网定价发行。

发行对象：中华人民共和国境内自然人、法人和其他组织（法律、法规及有关规定禁止购买者除外）。

发行面值：1.00 元/份。

发行费用：0.01 元/份。

申购价格：1.01 元/份。

申购地点：上海证券交易所、深圳证券交易所。

申购单位：每份基金单位。

申购份数：每一账户的申购量最少不得低于 1 000 份；超过 1 000 份的，须为1 000 份的整数倍。

申购限制：每一账户申购不设上限，投资者可以多次申购，但每笔申购不得超过 99.9 万份。同一账户多次申购的，将多次申购的数量全部累加后，对同一账户的申购进行连续配号。

配号方式：分段配号，统一抽签。

二、开放式基金的操作

开放式基金，又称共同基金，是指基金发起人在设立基金时，基金单位或者股份总规模不固定，可视投资者的需求，随时向投资者出售基金单位或者股份，并可以应投资者的要求赎回发行在外的基金单位或者股份的一种基金运作方式。投资者既可以通过基金销售机构购买基金，也可以将持有的基金份额卖给基金销售机构并收回现金。

开放式基金的操作流程如下：

（一）开立基金账户

投资人买卖开放式基金首先要开立基金账户。按照规定，有关销售文件对基金账户的开立条件、具体程序须予以明确。上述文件将放置于基金销售网点供投资人开立基金账户时查阅。

（二）购买基金

投资人在开放式基金募集期间、基金尚未成立时购买基金单位的过程称为认购。通常认购价为基金单位面值（1 元）加上一定的销售费用。

投资人申购基金时通常应填写申购申请书，交付申购款项。款项一经交付，申购申请即为有效。具体申购程序会在有关基金销售文件中详细说明。申购基金单位的数量是以申购日的基金单位资产净值为基础计算的。具体计算方法须符合监管部门的有关规定，并在基金销售文件中载明。

（三）卖出基金

与购买基金相反，投资人卖出基金是把手中持有的基金单位按一定价格卖给基金管理人并收回现金，这一过程也称为赎回。其赎回金额是以当日的单位基金资产净值为基础计算的。

投资人赎回基金通常应在基金销售点填写赎回申请书。按照《开放式证券投资基金试点办法》的规定，基金管理人应当于收到基金投资人赎回申请之日起 3 个工作日内，对该交易的有效性进行确认，并应当自接受基金投资人有效赎回申请之日起 7 个工作日内，支付赎回款项。

（四）申请基金转换

基金转换，是指当一家基金管理公司同时管理多只开放式基金时，基金投资人可以将持有的一只基金转换为另一只基金，即投资人卖出一只基金的同时，买入该基金管理公司管理的另一只基金。通常，基金转换费用非常低，甚至不收取。

（五）非交易过户

基金的非交易过户是指在继承、赠予、破产支付等非交易原因情况下发生的基金单位所有权转移的行为。非交易过户也须到基金的销售机构办理。

（六）红利再投资

红利再投资是指基金进行现金分红时，基金持有人将分红所得的现金直接用于购买该基金，将分红转为持有基金单位。对基金管理人来说，红利再投资没有发生现金流出，因此，红利再投资通常是不收申购费用的。

（七）开放式基金的费用

在开放式基金销售和运作的过程中会发生一些费用，这些费用最终由基金投资人承担，用来支付基金管理人、基金托管人、销售机构和注册登记机构等提供服务所产生的费用。开放式基金的费用主要分为两大类：一是基金投资人直接负担的费用，二是基金运营费用。

1. 基金投资人直接负担的费用

该费用指投资人进行基金交易时一次性支付的费用，包括申购费、赎回费、再投资费、转换费等。

（1）申购费：指投资人购买基金单位需支付的费用，主要用于向基金销售机构支付销售费用以及广告费和其他营销支出。销售费可在投资人购买基金单位时收取，即前收申购费，也可在投资人卖出基金单位时收取，即后收申购费，其费率一般按持有期限递减。如有些基金规定，投资人持有基金单位不足一年的，其后收申购费率为申购金额的 5%，以后持有期每增加一年，该费率就降低 1%，持有期超过 5 年的，不再收取该项费用。

（2）赎回费：指投资人卖出基金单位时支付的费用。赎回费与后收申购费不同，后收申购费属销售佣金，赎回费则是针对赎回行为收取的费用，主要是为了减少投资人在短期内过多赎回给其他投资者带来的损失，往往略带惩罚性质。后收申购费收入由基金管理公司支配，而赎回费收入则归基金管理人所有。我国《开放式证券投资基金试点办法》规定，开放式基金可收取赎回费，但赎回费不得超过赎回金额的 3%，赎回费收入在扣除基本手续费后，余额归基金管理人所有。

（3）再投资费：指投资人将从开放式基金所得到的分配收益再继续投资于基金所要支付的申购费用。

（4）转换费：指投资人在同一基金管理人管理的不同基金之间，由投资的一只基金转换成另一只基金所要支付的费用。

2. 基金运营费用

基金运营费用指基金在运作过程中发生的费用，主要包括基金管理费、基金托管费、其他费用等，这些费用直接从基金资产中扣除。

（1）基金管理费：指基金管理人管理基金资产所收取的费用。基金管理人可按固定费率或固定费率加提业绩表现费的方式收取基金管理费。业绩表现费指固定管理费之外的支付给基金管理人的与基金业绩挂钩的费用。按固定费率收取的管理费按基金资产净值的一定比例逐日计算，定期提取。

每日计提的管理费=计算日基金资产净值×管理费率÷当年天数

（2）基金托管费：指基金托管人托管基金资产所收取的费用，通常按基金资产净值的一定比例逐日计算，定期提取。

每日计提的托管费=计算日基金资产净值×托管费率÷当年天数

（3）其他费用：包括注册登记费、席位租用费、证券交易佣金、律师费、会计师费、信息披露费和基金持有人大会会费等。

三、ETF 的操作

ETF 即交易型开放式指数基金，是指以被动的方式管理，同时又可在交易所挂牌交易的开放式基金。ETF 的申购是用一揽子股票换取 ETF 份额，赎回时也是换回一揽子股票而不是现金。这种交易制度使该类基金存在场内、场外市场之间的套利机制，可有效防止类似封闭式基金的大幅折价。ETF 交易价格取决于它拥有的一揽子股票的价值，即单位基金资产净值。

ETF 的操作流程如下：

（一）ETF 的实物申购

ETF 的基金管理人在每日开市前会根据基金资产净值、投资组合以及标的指数的成分股情况，公布实物申购与赎回清单（也称一揽子股票档案文件）。投资人可依据清单内容，将成分股交付 ETF 的基金管理人而取得实物申购基数或其整数倍的 ETF。以上流程称为实物申购。

（二）ETF 的实物赎回

ETF 的实物赎回则是与 ETF 的实物申购相反的程序，也就是投资人将实物申购基数或其整数倍的 ETF 转换成实物申购赎回清单的成分股的流程。ETF 的实物申购与实物赎回只能以实物交付，只有在个别情况下（如当部分成分股因停牌等原因无法从二级市场直接购买），可以有条件地允许部分成分股采用现金替代的方式。

（三）ETF 的交易单位与涨跌幅度

ETF 如同股票及封闭式基金，在上海证券交易所以 100 个基金单位为 1 个交易单位（“1 手”），并可适用大宗交易。其涨跌幅度与股票、封闭式基金相同，为 10%。

（四）ETF 的单位基金份额参考净值

基金份额参考净值（Indicative Optimized Portfolio Value，IOPV）是指在交易时间内，申购、赎回清单中组合证券（含预估现金部分）的实时市值，主要供投资者交易、申购、赎回基金份额时参考。交易所除了每 15 秒揭示指数外，也会在相同的时间间隔内揭示 ETF 的单位基金份额参考净值，以供投资者参考。

基金份额参考净值=（申购赎回清单中必须用现金替代的替代金额+申购赎回清单中可以用现金替代成分证券的数量与最新成交价相乘之和+申购赎回清单中禁止用现金替代成分证券的数量与最新成交价相乘之和+申购赎回清单中的预估现金部分）÷最小申购赎回单位对应的基金份额。基金份额参考净值的计算以四舍五入的方法保留小数点后 3 位。

在软件里面看的 ETF 买卖价格就是场内报价（二级市场），而 IOPV 就是这只 ETF 的一级市场报价（这只 ETF 的净值），设置 IOPV 是 ETF 特有的，方便投资者在一、二级市场参与交易，是场内 ETF 单位基金的参考值。

第二节　交易规则和常用术语

一、封闭式基金交易规则

（1）交易品种：所有上市基金。

（2）交易时间：周一至周五，上午 9:30—11:30，下午 13:00—15:00，法定节假日除外。

（3）交易原则：价格优先，即较高价格买进申报优先于较低价格买进申报，较低价格卖出申报优先于较高价格卖出申报。时间优先，即买卖方向、价格相同的，先申报者优先于后申报者。时间先后顺序按交易主机接受申报的时间确定。

（4）申报规则。交易所只接受会员的限价申报。每份基金都有价格最小变化单位。A 股、基金和债券的申报价格最小变动单位为 0.01 元人民币。

（5）涨跌幅限制。交易所对基金交易同样实行价格涨跌幅限制，涨跌幅比例为 10%（封闭式基金上市首日除外）。买卖有价格涨跌幅限制的证券，在价格涨跌幅限制以内的申报为有效申报，超过涨跌幅限制的申报为无效申报。

（6）委托单位。基金的交易单位为份，1 手为 100 份，委托买入数量必须为 100 份或其整数倍。当委托数量不能全部成交或分红送股时可能出现零股（不足 1 手的为零股），零股需一次性委托卖出。

（7）竞价规则。集合竞价，是指对一段时间内接收的买卖申报一次性集中撮合的竞价方式；连续竞价，是指对买卖申报逐笔连续撮合的竞价方式。

（8）竞价时间。集合竞价：上午 9:15—9:25，连续竞价：上午 9:30—11:30，下午 13:00—15:00。

（9）交易费用。交易佣金为成交金额的 0.25%（可浮动），不足 5 元的按 5 元收取。上海证券交易所按成交面值的0.01%收取登记过户费，由证券公司向投资者收取，费用由证券登记公司与证券公司平分。目前，在上海证券交易所、深圳证券交易所上市的封闭式基金不收取印花税。

二、开放式基金交易规则

开放式基金一般不在交易所挂牌交易，它通过基金管理公司及其指定的代销网点销售，银行是开放式基金最常用的代理销售渠道。

投资者申请开设基金账户应向销售网点提出书面申请，并出具基金招募说明书及基金契约中规定的相应证件。这些证件通常包括法人投资者的营业执照复印件和法定代表人证明书及法定代表人授权委托书，个人投资者的身份证、用于结算的银行账号、预留印鉴卡等。然后，投资者才可以开始申购和赎回该基金管理公司发行的开放式基金。每次申购赎回，投资者都必须到指定销售网点填写申购赎回申请表，若技术条件成熟也可以通过传真、电话和互联网发出指令。由于开放式基金的交易价格是以当日的基金净值为准，所以客户在申购时只能填写购买多少金额的基金，等到申购次日早上，前一天的基金净值公布后，才会知道实际买到了多少基金份额；而赎回时，投资者只要填写赎回份额就可以了。办理完申购赎回手续的数个工作日内，投资者可以到销售点打印成交确认单或交割清单（基金管理公司一般也会定期给投资者邮寄一段时期内的交易清单）。至此，整笔交易就全部完成了。

三、常用术语

1. 基金单位

基金单位是指基金发起人向不特定投资者发行的，表示持有人对基金享有资产所有权、收益分配权和其他相关权利并承担相应义务的凭证。

2. 基金指数

为反映封闭式基金二级市场价格的综合变动情况，上海证券交易所和深圳证券交易所分别编制了各自的基金指数。

上证基金指数的选样范围为在上海证券交易所上市的封闭式基金，在计算方法上采用派许指数计算公式，以基金份额总额为权数。上证基金指数以2000年5月8日为基日，以该日所有证券投资基金的市价总值为基值，基日指数为1 000点，自2000年6月9日起正式发布。

深证基金指数的选样范围为在深圳证券交易所上市的封闭式基金，在计算方法上同样采用派许指数计算公式，以基金份额总额为权数。深证基金指数以2000年6月30日为基日，以该日所有证券投资基金的市价总值为基值，基日指数为1 000点，自2000年7月3日起正式发布。

3. 认购

认购是指投资人在开放式基金成立之前的基金募集期内购买基金单位的行为。

4. 申购

申购是指投资者在开放式基金成立后的基金申购期内自愿购买一定数量开放式基

金单位的行为，申购价格为基金单位净值加一定比例的手续费。

5. 赎回

赎回是指投资者自愿赎回一定数量开放式基金单位的行为，赎回价格为基金单位净值减一定比例的手续费。

6. 基金资产净值

基金资产净值是指基金资产总值减去按照国家有关规定可在基金资产中扣除费用后的价值。

7. 基金单位净值

基金单位净值是指计算日基金资产净值除以计算日基金单位总数后的价值。

8. 基金收益

基金收益是指基金投资所得红利、股息、债券利息、买卖证券价差、存款利息及其他收入之和。

9. 认购份额

$$认购份额=\frac{认购金额-认购费用}{基金单位面值}$$

例如，某投资人认购 1 000 元开放式基金，基金面值 1 元，认购费 1%，则认购费用 $=1\ 000\times1\%=10$（元），最后确认份额 $=\frac{1\ 000-10}{1}=990$（份）。

10. 申购份额

$$申购份额=\frac{申购金额-申购费用}{基金单位净值}$$

例如，某投资人在 T 日申购 1 000 元开放式基金，T 日该基金的净值为 1.05 元，申购费 1%，则申购费用 $=1\ 000\times1\%=10$（元），最后确认份额 $=\frac{1\ 000-10}{1.05}=942.86$（份）。

第四章　期货

第一节　基本操作

一、期货开户

（一）期货开户必须具备的条件

（1）符合国家法律法规和政策规定的入市交易资格（必须为中华人民共和国国籍，港、澳、台同胞暂时无法交易国内期货）。

（2）有从事交易必需的资金或资产（交易股指期货的最低入市资金为50万元，交易商品期货的最低开户资金为1万元）。

（3）开户人和交易执行人须年满18岁且具有完全民事行为能力。

（二）期货开户须提供的证件或资料

（1）自然人开户（普通投资者）：本人身份证原件以及银行卡，开户人本人必须现场开户。

（2）法人开户（机构投资者）：开户单位的营业执照副本，法定代表人、指令下达人、资金调拨人的身份证以及税务登记证。

（三）期货开户的详细流程

期货交易规则要求交易参与者在决定参与交易的时候，必须首先履行开立交易账户的手续。开立账户实质上是投资者（委托人）与期货经纪公司（代理人）之间建立的一种法律关系。一般来说，各期货经纪公司为客户开设账户的程序及所需的文件不尽相同，但基本程序及方法大致相同。

1. 风险揭示

客户委托期货经纪公司从事期货交易必须事先在期货经纪公司办理开户登记。

期货经纪公司在接受客户开户申请时，必须向客户提供期货交易风险说明书。个人客户应在仔细阅读并理解后，在期货交易风险说明书上签字；单位客户应在仔细阅读并理解后，由单位法定代表人在期货交易风险说明书上签字并加盖单位公章。

期货开户流程图如图4-1所示。

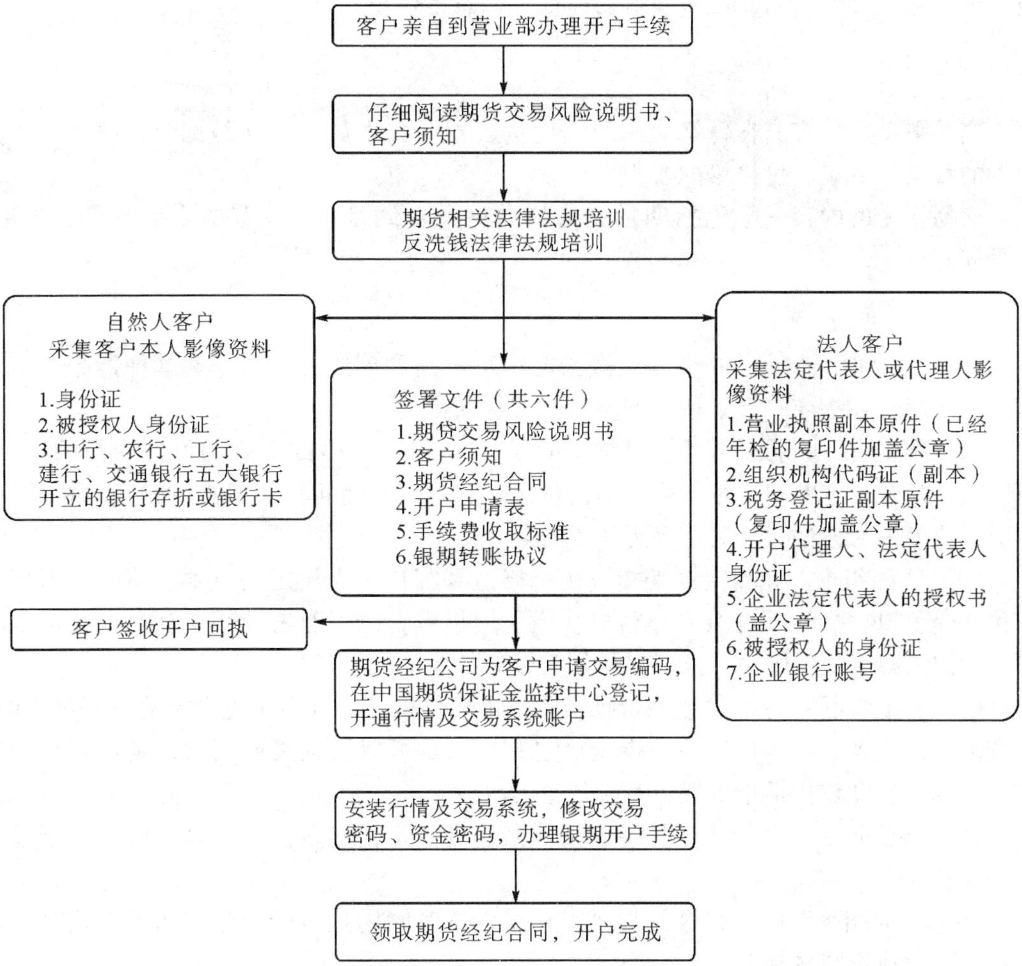

图 4-1　期货开户流程图

2. 签署合同

期货经纪公司在接受客户开户申请时，双方须签署期货经纪合同。个人客户应在该合同上签字，单位客户应由法定代表人在该合同上签字并加盖公章。

个人开户应提供本人身份证，留存印鉴或签名样卡。单位开户应提供营业执照复印件，并提供法定代表人及本单位期货交易业务执行人的姓名、联系电话、单位及其法定代表人或单位负责人印鉴等内容的书面材料及法定代表人授权期货交易业务执行人的书面授权书。

交易所实行客户交易编码登记备案制度，客户开户时应由期货经纪公司按交易所统一的编码规则进行编号，一户一码，专码专用，不得混码交易。期货经纪公司注销客户的交易编码前，应向交易所备案。

3. 缴纳保证金

客户在期货经纪公司签署期货经纪合同之后，应按规定缴纳开户保证金。期货经纪公司应将客户所缴纳的保证金存入期货经纪合同指定的客户账户中，供客户进行期货交易。期货经纪公司向客户收取的保证金，属于客户所有。

二、交易下单

交易下单是指客户在每笔交易前向期货公司业务人员下达交易指令，说明拟买卖合约的种类、数量、价格等的行为。

交易指令的内容一般包括期货交易的品种及合约月份、交易方向、数量、价格、开平仓等。

（一）常用交易指令

（1）市价指令。市价指令是指按当时市场价格即刻成交的指令。这种指令的特点是成交速度快，指令一旦下达后便不可更改或撤销。

（2）限价指令。限价指令是指执行时必须按限定价格或更好的价格成交的指令。下达限价指令时，客户必须指明具体的价位。它的特点是可以按客户的预期价格成交，但成交速度相对较慢，有时甚至无法成交。

（3）止损指令。止损指令是指市场价格达到客户预先设定的触发价格时，即变为市价指令予以执行的一种指令。客户利用止损指令，既可有效地锁定利润，又可以将可能的损失降至最低限度，还可以用相对较小的风险建立新的头寸。

（4）停止限价指令。停止限价指令是指市场价格达到客户预先设定的触发价格时，即变为限价指令予以执行的一种指令。它的特点是可以将损失或利润锁定在预期的范围，但成交速度较止损指令慢，有时甚至无法成交。

（5）触价指令。触价指令是指市场价格达到客户指定价位时，以市价指令予以执行的一种指令。

（6）限时指令。限时指令是指要求在某一段时间内执行的指令。如果在该时间段内指令未被执行则自动取消。

（7）长效指令。长效指令是指除非成交或由委托人取消，否则持续有效的交易指令。

（8）套利指令。套利指令是指同时买入和卖出两种或两种以上期货合约的指令。

（9）取消指令。取消指令又称为撤单，是指客户要求将某一指令取消的指令。客户通过执行该指令，将以前下达的指令完全取消，并且没有使用新的指令取代原指令。

期货经纪公司对其代理客户的所有指令，必须通过交易所集中撮合交易，不得私下对冲，不得向客户做获利保证或者与客户分享收益。

（二）指令下达方式

（1）书面下单。客户填写书面交易指令单，填好后签字交期货公司，再由期货公司将指令发至交易所参与交易。

（2）电话下单。期货公司将客户的指令同步录音，以备查证。

（3）互联网下单。期货公司应当对互联网交易风险进行特别提示；须将客户的指令以适当方式保存，以备查证。目前通过互联网下单是我国期货客户最主要的下单方式。

三、期货结算

（一）基本概念

结算是指根据交易结果和交易所有关规定对会员交易保证金、盈亏、手续费、交割货款和其他有关款项进行的计算、划拨。结算包括交易所对会员的结算和期货经纪公司对客户的结算，其计算结果将被计入客户的保证金账户。

（二）结算程序

1. 交易所对会员的结算

其具体程序为：

（1）每一个交易日交易结束后，交易所对每一个会员的盈亏、交易手续费、交易保证金等款项进行结算。

（2）会员每天应及时获取交易所提供的结算数据，做好核对工作，并将之妥善保存。该结算数据应至少保存 2 年，但有争议的期货交易结算数据，应当保存至该争议消除时为止。

（3）会员如对结算结果有异议，应在下一交易日开市前 30 分钟内以书面形式通知交易所。遇特殊情况，会员可在下一交易日开市后 2 小时内以书面形式通知交易所。如在规定时间内会员没有对结算数据提出异议，则视作会员已认可结算数据的准确性。

（4）交易所在交易结算完成后，将会员资金的划转数据传递给有关结算银行。结算银行应及时将划账结果反馈给交易所。

（5）会员资金按当日盈亏进行划转，当日盈利划入会员结算准备金，当日亏损从会员结算准备金中扣划。手续费、税金等各项费用从会员的结算准备金中直接扣划。

（6）每日结算完毕后，会员的结算准备金低于交易所规定的结算准备金最低余额时，该结算结果即视为交易所向会员发出的追加保证金通知。会员必须在下一交易日开市前补足至交易所规定的结算准备金最低余额。

2. 期货公司对客户的结算

期货公司对客户结算的具体程序如下：

（1）期货经纪公司对客户的结算与交易所的方法一样，即每一交易日交易结束后对每一客户的盈亏、交易手续费、交易保证金等款项进行结算。交易手续费一般不低于期货合约规定的交易手续费标准的 3 倍，交易保证金一般高于交易所收取的交易保证金至少 3 个百分点。

（2）期货经纪公司在闭市后向客户发出交易结算单。

（3）每日结算后，客户保证金低于期货交易所规定的交易保证金水平时，期货经纪公司按照期货经纪合同约定的方式通知客户追加保证金，客户不能按时追加保证金的，期货经纪公司应当将该客户部分或全部持仓强行平仓，直至保证金余额能够维持其剩余头寸。

四、期货交割

（一）基本概念

交割是指期货合约到期时，按照期货交易所的规则和程序，交易双方通过该合约所载标的物所有权的转移，或者按照结算价进行现金差价结算，了结到期未平仓合约的过程。

（二）交割分类

1. 实物交割

以标的物所有权转移方式进行的交割为实物交割。一般来说，商品期货以实物交割方式为主。

2. 现金交割

按结算价进行现金差价结算的交割方式为现金交割。一般来说，股票指数期货、短期利率期货多采用现金交割方式。

五、实物交割程序

在期货市场上，实物交割是促使期货价格和现货价格趋向一致的制度保证。商品期货交易一般采用实物交割制度。通过实物交割，期货、现货两个市场得以实现相互联动，期货价格最终与现货价格趋于一致，使期货市场真正发挥价格晴雨表的作用。实物交割程序如下：

1. 第一交割日

买方申报意向。买方在第一交割日内向交易所提交所需商品的意向书。内容包括品种、牌号、数量及指定交割仓库名等。

卖方交标准仓单。卖方在第一交割日内将已付清仓储费用的有效标准仓单提交交易所。

2. 第二交割日

交易所分配标准仓单。交易所在第二交割日根据已有资源，按照“时间优先、数量取整、就近配对、统筹安排”的原则，向买方分配标准仓单。

对于不能用于下一期货合约交割的标准仓单，交易所按其占当月交割总量的比例向买方分摊。

3. 第三交割日

买方交款、取单。买方必须在第三交割日 14:00 前到交易所交付货款并取得标准仓单。

卖方收款。交易所在第三交割日 16:00 前将货款付给卖方。

4. 第四、五交割日

卖方提交增值税专用发票。

六、交割违约的处理

对买方而言，交割违约是指在规定交割期限内未解付货款或解付不足；对卖方而言，交割违约是指在规定交割期限内未交付有效标准仓单及相应的票据。

如果买方违约，交易所会代替买方履约，将接下的实物在市场上采取竞卖方式卖掉。违约的买方不仅要承担全部损失和费用，还需支付高额的违约金及接受其他处罚。同样，如果卖方违约，交易所将在市场上采用征购方式购买合格的实物。违约的卖方不仅要承担全部损失和费用，还需支付高额的违约金及接受其他处罚。

（一）交割违约的认定

期货合约的买卖双方有下列行为之一的，构成交割违约：

（1）在规定交割期限内卖方未交付有效标准仓单的。

（2）在规定交割期限内买方未解付货款的或解付不足的。

（二）交割违约的处理

会员在期货合约实物交割中发生违约行为，交易所应先代为履约。交易所可采用征购和竞卖的方式处理违约事宜，违约会员应负责承担由此引起的损失和费用。交易所对违约会员还可处以支付违约金、赔偿金等处罚。

第二节　交易制度和常用术语

一、交易制度

（一）保证金制度

1. 定义

保证金制度（margin system），也称押金制度，指清算所规定的达成期货交易的买方或卖方应缴纳履约保证金的制度。在期货交易中，任何交易者必须按照其所买卖期货合约价格的一定比例（通常为5%~10%）缴纳资金，作为其履行期货合约的财力担保，然后才能参与期货合约的买卖，并视价格确定是否追加资金，这种制度就是保证金制度，所缴纳的资金就是保证金。

2. 特点

（1）对期货合约上市运行的不同阶段规定不同的交易保证金比例。一般来说，交易保证金比例随着交割期的临近而提高。

（2）随着合约持仓量的增大，交易所将逐步提高该合约的交易保证金比例。

（3）当某期货合约出现连续跌停时，交易保证金比例相应提高。

（4）当某品种、某月份的合约按结算价计算的价格在连续若干个交易日的累积涨幅达到一定程度时，交易所有权根据市场情况，对部分或全部会员的单边或双边持仓，按同比例或不同比例提高交易保证金水平，限制部分或全部会员划出资金、暂停部分或全部会员增开新仓，调整涨跌停板幅度，采取限期平仓或强行平仓等一种或多种措施，以控制风险。

（5）当某期货合约交易出现异常情况时，交易所可按规定的程序调整交易保证金的比例。我国期货交易者缴纳的保证金可以是现金，也可以是现金等价物，如价值稳定、流动性强的标准仓单或者国债等有价证券。

（二）当日无负债结算制度

1. 定义

当日无负债结算制度是指在每个交易日结束后，由期货结算机构对期货交易保证金账户当天的盈亏状况进行结算，并根据结算结果进行资金划转。当交易发生亏损，进而导致保证金账户资金不足时，期货交易者必须在结算机构规定的时间内向账户中追加保证金，以做到当日无负债。

2. 特点

（1）交易所对所有账户的交易及头寸按不同品种、不同月份的合约分别进行结算，在此基础上汇总，使每一交易账户的盈亏都能得到及时、具体、真实的反映。

（2）交易所在对交易盈亏进行结算时，不仅对平仓头寸的盈亏进行结算，而且对未平仓合约产生的浮动盈亏也进行结算。

（3）对交易头寸所占用的保证金进行逐日结算。

（4）当日无负债结算制度是通过期货交易分级结算体系实施的。期货交易所（结算所）对会员进行结算，期货公司根据期货交易所（结算所）的结算结果对客户进行结算。期货交易所会员（客户）的保证金不足时，会被要求及时追加保证金或者自行平仓；否则，其合约将会被强行平仓。

（三）涨跌停制度

1. 定义

涨跌停板制度又称每日价格最大波动限制制度，是指期货合约在一个交易日内的交易价格波动不得高于或者低于规定的涨跌幅度，超过该涨跌幅度的报价将被视为无效报价，不能成交。

2. 特点

我国境内期货涨跌停板制度的特点如下：

（1）一般而言，对期货价格波动幅度较大的品种及合约设定的涨跌停幅度相应较大。

（2）交易所可以根据市场风险状况调整涨跌停幅度，调整特点包括：

①对于新上市的品种和新上市的期货合约，其涨跌停板幅度一般为合约规定涨跌停板幅度的2倍或3倍。

②在某一期货合约的交易过程中，当合约价格同方向连续涨跌停板、遇国家法定节假日，或交易所认为市场风险明显变化时，交易所可根据市场风险调整其涨跌停板幅度。

③对同时适用交易所规定的两种或两种以上涨跌停板情形的，其涨跌停板按规定

涨跌停板中的最高值确定。

（3）在出现涨跌停板情形时，交易所一般将采取以下措施控制风险：

①当某期货合约以涨跌停板价格成交时，成交撮合实行平仓优先和时间优先的原则，但平仓当日新开仓位不适用平仓优先的原则。

②在某合约连续出现涨跌停板单边无连续报价时，实行强制减仓。

（四）持仓限额制度及大户报告制度

1. 定义

（1）持仓限额制度是指交易所规定会员或客户可以持有的、按单边计算的某一合约投机头寸的最大数额。

（2）大户报告制度是指当交易所会员或客户某品种、某合约持仓达到交易所规定的持仓报告标准时，会员或客户应向交易所报告。

2. 特点

我国商品期货市场的特点如下：

（1）交易所可根据不同期货品种的具体情况，分别确定每一品种每一月份的持仓限额及大户报告标准。

（2）投机头寸持仓达到交易所限量的80%以上时，应向交易所报告。

（3）一般按照各合约在交易全过程中所处的不同时期，分别确定不同的持仓限额。

（4）期货公司会员、非期货公司会员，一般客户分别适用不同的大户限额及持仓报告标准。

我国金融期货交易市场特点如下：

（1）我国金融期货交易所对套期保值和套利交易的持仓均不做限制。

（2）同一客户在不同期货公司开仓交易，则其在某一合约的持仓合计不得超出该客户的持仓限额。

（五）强行平仓制度

1. 定义

强行平仓是指按照有关规定对会员或客户的持仓实行平仓的一种强制措施，其目的是控制期货交易风险。

2. 类别

（1）交易所对会员持仓实行的强行平仓。

（2）期货公司对其客户持仓实行的强行平仓。

3. 适用的情形

（1）因账户交易保证金不足而实行强行平仓，这是最常见的情形。强行平仓制度的实施，有利于会员（客户）避免账户损失扩大，交易所通过控制个别账户的风险，可有力地防止风险扩散，是一种行之有效的风险控制措施。

（2）因会员（客户）违反持仓限额制度而实行强行平仓制度，即会员（客户）的持仓超过了规定的持仓限额，且未在期货交易所（期货公司）规定的期限内自行减仓，其超出持仓限额的部分头寸将会被强行平仓。强行平仓制度成为持仓限额制度的有力补充。

二、常用术语

（1）合约名称。合约名称注明了该合约的品种名称及其上市交易所名称。例如，上海期货交易所铜合约，合约名称为“上海期货交易所阴极铜期货合约”。

（2）交易单位。交易单位是指在期货交易所交易的每手期货合约代表的标的物的数量。

（3）合约价值。合约价值是指每手期货合约代表的标的物的价值。对于商品期货来说，确定期货合约交易单位的大小，主要应当考虑的因素有合约标的物的市场规模、交易者的资金规模、期货交易所的会员结构和该商品的现货交易习惯等。一般来说，某种商品的市场规模较大，交易者的资金规模较大，期货交易所中愿意参与该期货交易的会员单位较多，则该合约的交易单位就可以设计得大一些；反之则设计得小一些。

（4）报价单位。报价单位是指在公开竞价过程中对期货合约报价所使用的单位，即每计量单位的货币价格。

（5）最小变动价位。最小变动价位是指在期货交易所的公开竞价过程中，对合约每计量单位报价的最小变动数。在期货交易中，每次报价的最小变动数值必须是最小变动价位的整数倍。

（6）每日价格最大波动限制。每日价格最大波动限制规定期货合约在一个交易日中的交易价格波动不得高于或者低于规定的涨跌幅度。每日价格最大波动限制一般是合约中上一交易日结算价的一定幅度。我国期货市场上的每日价格最大波动限制以合约上一交易日结算价的一定百分比来设定。期货合约上一交易日的结算价加上允许的最大涨幅构成当日价格上涨的上限，称为涨停板。期货合约上一交易日的结算价减去允许的最大跌幅则构成当日价格下跌的下限，称为跌停板。

（7）合约交割月份。合约交割月份是指某期货合约到期交割的月份。商品期货合约交割月份的确定一般受该合约标的商品的生产、使用、储藏、流通等方面的特点影响。

（8）交易时间。期货合约的交易时间由期货交易所统一规定。交易者只能在规定的交易时间内进行交易。日盘交易时间一般分上午和下午进行，每周 5 天。此外，我国期货交易所还对部分品种开展夜盘交易，形成了期货合约的连续交易。

（9）最后交易日。最后交易日是指某种期货合约在合约交割月份中进行交易的最后截止日。合约的最后交易日必须按规定进行实物交割或现金交割。期货交易所根据不同期货合约标的物的现货交易特点等因素确定其最后交易日。

（10）交割日期。交割日期是指合约标的物所有权转移，以实物交割或现金交割方式了结未平仓合约的时间。

（11）交割等级。交割等级是指由期货交易所统一规定的、允许在交易所上市交易的合约标的物的质量等级。在进行期货交易时，交易双方无须对标的物的质量等级进行协商，发生实物交割时按交易所期货合约规定的质量等级进行交割。

（12）交割地点。交割地点是由期货交易所统一规定的进行实物交割的指定地点。金融期货交易不需要指定交割仓库，但期货交易所会指定交割银行。

（13）交易手续费。交易手续费是期货交易所按成交合约金额的一定比例或按成交合约手数收取的费用。交易手续费的高低对市场流动性和成交量有一定影响，交易手续费过高会增加期货市场的交易成本，扩大无套利区间，降低市场的交易量，不利于市场的活跃，但可起到抑制过度投机的作用。

（14）交易代码。例如，中国金融期货交易所沪深 300 股指期货的交易代码为 IF；郑州商品交易所白糖期货的交易代码为 SR；大连商品交易所豆油期货的交易代码为 Y；上海期货交易所铜期货的交易代码为 CU。

第五章　期权

第一节　基本操作

一、交易流程

（一）期权交易指令

期权交易指令主要包括开仓或平仓、买进或卖出、执行价格、合约月份、交易代码、看涨期权或看跌期权、合约数量、权利金、指令种类。

指令种类分为市价指令、限价指令和取消指令等。

当某客户发出交易指令，买进或卖出一份期权合约，经纪公司接受指令，并将其传送到交易所。交易时，很重要的一点是选择执行价格。选择执行价格的一个重要方面是交易者对后市的判断。对于买进看涨期权来说，执行价格越高，越预期看涨。对于买进看跌期权来说，执行价格越低，越预期看跌。

（二）下单与成交

（1）交易者向其经纪公司发出下单指令，说明要求买进或卖出的期权数量、看涨期权或看跌期权以及期权的执行价格、到期月份、交易指令种类、开仓或平仓等。

（2）交易指令通过计算机按照成交原则撮合成交。期权费的竞价原则与期货合约的竞价原则相同，即“价格优先、时间优先”的竞价原则。计算机撮合系统首先按照竞价原则对买入和卖出指令进行排序，当买入价大于等于卖出价则自动撮合成交，撮合成交价等于买入价、卖出价和前一成交价三者中居中的一个价格。

（3）会员经纪公司将成交回报告知交易者。

（三）了结方式

1. 对冲平仓

（1）对冲平仓方法。期权的对冲平仓方法与期货的对冲平仓方法基本相同，都是将先前买进（卖出）的合约卖出（买进）。只不过，期权的报价是权利金。

如果买进看涨期权，那么卖出同执行价格、同到期日的看涨期权对冲平仓。如果卖出看涨期权，那么买进同执行价格、同到期日的看涨期权对冲平仓。如果买进看跌期权，那么卖出同执行价格、同到期日的看跌期权对冲平仓。如果卖出看跌期权，那么买进同执行价格、同到期日的看跌期权对冲平仓。

例如，某客户以 20 元/吨买进 10 手 3 月到期、执行价格为 1 200 元/吨的小麦看涨期权。如果小麦期货价格上涨到1 250元/吨，那么权利金也上涨，如上涨到30元/手，那么该客户发出如下指令：以30元/吨卖出（平仓）10手3月到期、执行价格为1 200元/吨的小麦看涨期权。

（2）平仓盈亏计算。期权的平仓盈亏与期货的平仓盈亏类似，是买卖期权的权利金差价。卖出价减去买入价只要是正数就赚钱，是负数就亏钱，是零就不盈不亏（不考虑交易手续费）。比如，买进时权利金是20元/吨（不管买权还是卖权），卖出平仓时是30元/吨，则赚取10元/吨。

（四）执行与履约

期权的买方（客户通过其开户的期货经纪公司）在合约规定的有效期限内的任意交易日闭市前均可通过交易下单系统下达执行期权指令，交易所按照持仓时间最长原则指派并通知期权卖方（客户由其开户的期货经纪公司通知），期权买卖双方的期权部位在当日收市后转换为期货部位。

对于买进看涨期权，按照执行价格获得多头期货部位；对于卖出看涨期权，按照执行价格，卖方被指派获得空头期货部位。

对于买进看跌期权，按照执行价格获得空头期货部位；对于卖出看跌期权，按照执行价格，卖方被指派获得多头期货部位。

（五）期权到期

如果期权到期时，投资者没有对冲平仓，也没有提出执行，在当日结算时，投资者的期权持仓就会被自动了结。按照惯例，在期权到期时，实值期权会被自动执行。因此，买方放任到期的期权一般为虚值期权。根据需要，期权买方可以不执行期权，让期权到期。而期权卖方除对冲平仓和应买方要求履约外，只能等待期权到期。随着到期日的临近，期权的时间价值呈加速衰减的趋势。在到期日，期权的时间价值为0。因此，时间是期权卖方的“朋友”，是期权买方的“敌人”。对于期权的买方，其应尽量避免看对了方向、看错了时间，即当期货价格向有利方向变动时，期权已经到期了。

二、业务操作

（一）期权交易

期权交易或买卖的对象是期权合约，买方支付期权费获得期权。在规定的行权期限内，买方可以行使权利买进或卖出标的资产。所以，期权交易是针对某种具体权利而言的，即买权或卖权的买卖。买方有权执行期权，也可放弃行权，因此期权也称为选择权。

卖方获得期权费后便拥有了相应义务，当买方选择行权时，卖方必须履约。如果在到期日买方没有行权，则期权作废，买卖双方权利义务随之解除。如果是交易所期权，在期权最后交易日收盘之前，买卖双方也可以将期权对冲平仓。

（二）建仓和头寸了结

交易所的期权交易与期货交易相似，均可采用双向交易方式，既可以开仓买入，也可以开仓卖出；同样也可以将期权持仓对冲平仓。具体内容如下：

1. 建仓方向和头寸类型

（1）开仓买入期权。开仓买入期权通常称为建立期权多头头寸，交易者可以开仓买入看涨期权，也可以开仓买入看跌期权。此时称交易者为期权多头，建仓头寸分为看涨期权多头头寸和看跌期权多头头寸。

（2）开仓卖出期权。开仓卖出期权通常称为建立期权空头头寸，可以开仓卖出看涨期权，也可以开仓卖出看跌期权。此时称交易者为期权空头，建仓头寸分为看涨期权空头头寸和看跌期权空头头寸。

2. 了结期权头寸的方式

期权多头和期权空头了结头寸的方式不同。期权多头可以通过对冲平仓、行权等方式将期权头寸了结，也可以持有期权至合约到期；当期权多头行权时，期权空头必须履约，即以履约的方式了结期权头寸；如果期权多头没有行权，则期权空头也可以通过对冲平仓了结头寸，或持有期权至合约到期。

第二节　交易规则和常用术语

一、交易规则

1. 权证买卖数量的规定

单笔申报数量不超过 100 万份，申报价格最小变动单位为 0.001 元人民币。权证买入申报数量为 100 份的整数倍，也就是说投资者每次申报买入的最少数量应为 100 份，或 100 份的整数倍。权证卖出申报数量没有限制。对于投资者持有的不到 100 份的权证，如 99 份权证也可以申报卖出。

2. 权证的交易佣金、费用

权证的交易佣金、费用等，参照在交易所上市交易的基金标准执行，具体为权证交易的佣金不超过交易金额的 0.3%，投资者行权时向登记公司按股票过户面值缴纳 0.05%的股票过户费，不缴纳行权佣金。交易金额较大的客户可以跟相关证券营业部协商，适当降低交易佣金、费用。

3. 权证交易价格涨跌幅限制

与股票涨跌幅采取的 10%的比例限制不同，权证涨跌幅是以价格的涨跌幅而不是百分比来限制的。

权证涨跌幅价格具体按下列公式计算：权证涨幅价格＝权证前一日收盘价格（标的证券当日涨幅价－标的证券前一日收盘价）×125%×行权比例；权证跌幅价格＝权证前一日收盘价格－（标的证券前一日收盘价－标的证券当日跌幅价格）×125%×行权比例。当计算结果小于等于零时，权证跌幅价格为零。

4. 权证实行 T+0 交易

与股票交易当日买进、当日不得卖出不同，权证实行 T+0 交易，即当日买进的权证，当日可以卖出。

5. 行权方面需要注意的事项

权证行权具有时效性，如果投资者拿着价内的权证却错过了行权的时机，将最终无法行权。投资者如果确实无法亲自行权，必须事先到开户的证券公司办妥代为行权业务，以规避这一风险。需提醒投资者的是，按照两市规定，权证产品在到期日前五天内是不能交易的，因此还拿着如废纸般权证的投资者应尽早选择抛出，以免追悔莫及。

二、场内 50ETF 期权交易

（1）在交割日（T 日），期权买方在提交行权前：看涨期权行权需要在期权账户中准备好能够以行权价购买上证 50ETF 的资金；看跌期权行权则需要在账户中准备足量能够卖出的上证 50ETF 现券。否则投资者是不能提交行权指令的。

（2）若卖出看涨期权与卖出看跌期权同时被行权，T+1 日两者张数可以对冲，只需履行差额义务。

（3）T 日结算后，可以确定期权卖方被指派张数。卖出看涨期权被行权，需在上证 50ETF 账户于 T+1 日收盘前有足量能够卖出的上证 50ETF 现券；卖出看跌被行权，需在期权账户于 T+1 日收盘前有足够的以行权价购买上证 50ETF 的足额资金。

（4）若卖出看跌期权被行权，T+1 日交易所还会在期权账户冻结一部分行权保证金，使得 T+1 日期权账户实际可用资金减少，直到 T+1 日结算后资金才回归正常。

三、常见术语

（1）期权价格。期权价格又称为权利金、期权费、保险费，是期权买方为获得按约定价格购买或出售标的资产的权利而支付给卖方的费用。

（2）标的资产。标的资产也称为标的物，也是期权合约的标的，是期权合约中约定的、买方行使权利时所购买或出售的资产。期权的标的资产可以是现货资产，也可以是期货资产；可以是实物资产，也可以是金融资产或金融指标（股票价格指数）。

（3）行权方向。行权方向是指期权买方行权时的操作方向。行权方向有买入和卖出两种，行权方向由期权类型，即看涨期权还是看跌期权决定。

（4）执行价格。执行价格又称为履约价格、行权价格，是期权合约中约定的买方行使权利时购买或出售标的资产的价格。

（5）欧式期权与美式期权。期权的履约方式包括欧式期权、美式期权两种。欧式期权的买方在到期日前不可行使权利，只能在到期日行权。美式期权的买方可以在到期日或之前任一交易日提出行权。很明显，美式期权的买方“权利”相对较大，美式期权的卖方风险相应也较大。因此，在同样条件下，美式期权的价格相对较高。

（6）期权到期日和期权到期。期权到期日是指期权买方可以执行期权的最后日期。美式期权的买方在期权到期日和到期日之前的任何交易日都可以行权，欧式期权的买方只能在到期日行权。期权到期是指期权买方能够行使权利的最后时间。过了该时间，没有被执行的期权合约被停止行权，期权买方的权利作废，卖方的义务也随之解除。

分析方法篇

第六章　证券投资基本面分析

第一节　宏观经济分析

一、宏观经济分析的因素

宏观经济分析主要探讨各经济指标和经济政策对证券市场的影响。经济指标又分为三类：先行性指标（如利率水平、货币供给、消费者预期、主要生产资料价格、企业投资规模等），这些指标的变化将先于证券价格的变化；同步性指标（如个人收入、企业工资支出、国内生产总值、社会商品销售额等），这些指标的变化与证券价格的变化基本趋于同步；滞后性指标（如失业率、库存量、单位产出工资水平、服务行业的消费价格、银行未收回贷款规模、优惠利率水平、分期付款占个人收入的比重等），这些指标的变化一般滞后于证券价格的变化。除了经济指标之外，主要的经济政策有财政政策、货币政策、汇率与收入政策等。

二、经济周期分析

（一）经济周期的概念

经济周期（business cycle）：也称商业周期、景气循环，经济周期一般是指经济活动沿着经济发展的总体趋势所经历的有规律的扩张和收缩。它是国民总产出、总收入和总就业的波动，是国民收入或总体经济活动扩张与紧缩的交替或周期性波动变化。某个时期产出、价格、利率、就业率不断上升直至某个高峰——繁荣，之后可能是经济的衰退，产出、价格、利率、就业率开始下降，直至某个低谷——萧条。萧条阶段的明显特征是需求严重不足，生产严重过剩，销售量下降，价格低迷，企业盈利水平极低，生产萎缩，出现大量破产倒闭，失业率增加。接下来则是经济复苏，进入一个新的经济周期。

（二）经济周期与股价波动的关系

证券市场综合了人们对于经济形势的预期，这种预期较全面地反映了人们对经济发展过程中表现出的有关信息的切身感受。这种预期又必然反映到投资者的投资行为中，从而影响证券市场的价格。既然股价反映的是对经济形势的预期，因此其表现必定领先于经济的实际表现（除非预期出现偏差，经济形势本身才对股价产生纠错反应）。当经济持续衰退至尾声即萧条时期，百业不振，投资者已远离证券市场，每日成交量稀少。此时，那些有眼光而且在不停搜集和分析有关经济形势并做出合理判断的投资者已在默默吸纳股票，股价也在缓慢上升。当各种媒介开始传播萧条已去、经济日渐复苏时，股价实际上已经升至一定水平。而那些有识之士在综合分析经济形势的基础上，认为经济将不会再创热潮时，就悄然抛出股票，股价虽然还在上涨，但供需力量逐渐发生转变。当经济形势逐渐被更多的投资者所认识，供求趋于平衡直至供大于求时，股价便开始下跌。当经济形势发展按照人们的预期走向衰退时，与上述相反的情况便会发生。

上面描述了股价波动与经济周期相互关联的一个总体轮廓。这个轮廓给我们以下几点启示：

（1）经济总是处于在周期性运动中，股价波动是永恒的。股价伴随经济相应地波动，但股价的波动超前于经济运动。

（2）收集有关宏观经济资料和政策信息，随时注意经济发展动向。正确把握当前经济发展处于经济周期的何种阶段，对未来做出正确判断，切忌盲目从众。

（3）把握经济周期，认清经济形势。不要被股价的小涨、小跌驱使而追逐小利或回避小失（这一点对中长期投资者尤为重要）。在把握经济周期的同时，配合技术分析的趋势线进行研究或许会大有收益。

三、经济政策分析

（一）财政政策

1. 财政政策的手段及其对证券市场的影响

财政政策六手段：国家预算、税收、国债、财政补贴、财政管理体制、转移支付制度。这些手段可以单独使用，也可以配合协调使用。

（1）国家预算。国家预算是财政政策的主要手段，反映国家的施政方针和社会经济政策，规定政府活动的范围和方向。

（2）税收。税收是国家凭借政治权力参与社会产品分配的重要形式。税收具有强制性、无偿性和固定性的特征。

（3）国债。如果一段时间内，国债发行量较大且具有一定的吸引力，将会分流证券市场的资金。

（4）财政补贴。财政补贴是指国家财政为了实现特定的政治经济和社会目标，向企业或个人提供的一种补偿。其主要是在一定时期内对生产或经营某些销售价格低于成本的企业或因提高商品销售价格而给予企业和消费者的经济补偿。

（5）财政管理体制。财政管理体制的实质是正确处理国家在财政资金分配上的集权与分权问题。国家的各项职能是由各级政府共同承担的，为了保证各级政府完成一定的政治经济任务，就必须在中央与地方政府、地方各级政府之间，明确划分各自的财政收支范围、财政资金支配权和财政管理权。一般来说，各级政府有什么样的行政权力（事权），就应当有相应的财权，以便从财力上保证各级政府实现其职能。

（6）转移支付制度。转移支付制度是分级预算体制的重要组成部分。根据分级预算管理体制，上下级预算主体间、同级预算主体间的收支规模是不对称的，转移支付制度就是均衡各级预算主体间收支规模不对称的预算调节制度。

2. 财政政策的种类及其对证券市场的影响

（1）减少税收，降低税率，扩大减免税范围。其政策的经济效应是增加微观经济主体的收入，以刺激经济主体的投资需求，从而扩大社会供给，进而增加人们的收入，并同时增加了他们的投资需求和消费支出。其对证券市场的影响为：增加收入直接引起证券市场价格上涨，增加投资需求和消费支出又会拉动社会总需求。而社会总需求增加又反过来刺激投资需求，从而使企业扩大生产规模，增加企业利润；利润增加，又将刺激企业扩大生产规模的积极性，进一步增加利润总额，从而促进股票价格上涨。因市场需求活跃，企业经营环境改善，盈利能力增强，进而降低了还本付息风险，债券价格也将上扬。

（2）扩大财政支出，加大财政赤字。其政策效应是扩大社会总需求，从而刺激投资，扩大就业。政府通过购买和公共支出来增加商品和劳务需求，激励企业增加投入，提高产出水平，于是企业利润增加，经营风险降低，使得股票价格和债券价格上升。同时居民在经济复苏中增加了收入，持有货币增加，经济景气的趋势更增加了投资者的信心，购买证券的意愿增强，证券市场趋于活跃，价格自然上扬。

（3）减少国债发行（或回购部分短期国债）。其政策效应是缩减证券市场上国债的供给量，从而对证券市场原有的供求平衡产生影响。国债是证券市场上重要的交易券种，国债发行规模的缩减，使市场供给量缩减，更多的资金转向股票、企业债券，推动证券价格上扬，从而使证券市场的总体价格水平趋于上涨。

（4）增加财政补贴。财政补贴往往使财政支出扩大。其政策效应是扩大社会总需求和刺激供给，从而使证券市场的总体价格水平趋于上涨。

3. 分析财政政策对证券市场影响时应注意的问题

财政政策对证券市场的影响是十分深刻的，也是十分复杂的，正确地运用财政政策来为证券投资决策服务，应注意以下几个方面：

（1）关注有关的统计资料信息，认清经济形势。

（2）从各种媒介中了解经济界人士对当前经济形势的看法，关心政府有关部门主要负责人的日常讲话，分析其经济观点主张，从而预见政府可能采取的经济措施和采取措施的时机。

（3）分析过去类似形势下的政府行为及其经济影响，据此预期政策倾向和相应的经济影响。

（4）关注年度财政预算，从而把握财政收支问题的变化趋势，更重要的是对财政收支结构及其重点做出分析，以便了解政府的财政投资重点和倾斜政策。

（5）在预见和分析财政政策的基础上，进一步分析相应政策对经济形势的综合影响（如通货膨胀、利率等），结合行业分析和公司分析做出投资选择。

（二）货币政策

货币政策是指政府（中央银行）为实现一定的宏观经济目标所制定的关于货币供

应和货币流通组织管理的基本方针和基本准则。

1. 货币政策及其作用

货币政策是指中央银行为实现既定的目标，运用各种工具调节货币供应量来调节市场利率，通过市场利率的变化影响民间的资本投资和总需求，从而影响宏观经济运行的各种方针措施。调节总需求的货币政策的三大工具为法定存款准备金率，公开市场业务和再贴现政策。

（1）通过调控货币供应量保持社会总供给与总需求的平衡。货币政策可通过调控货币供应量达到对社会总需求和总供给两方面的调节，使经济达到均衡。当总需求膨胀导致供求失衡时，中央银行可通过货币政策控制货币量，从而达到对总需求的抑制；当总需求不足时，中央银行可通过货币政策增加货币供应量，提高社会总需求，使经济继续发展。同时，货币供给的增加有利于贷款利率的降低，可减少投资成本，刺激投资增长和生产扩大，从而增加社会总供给；反之，货币供给的减少将促使贷款利率上升，从而抑制社会总供给的增加。

（2）通过调控利率和货币供应量控制通货膨胀，保持物价总水平的稳定。无论通货膨胀的形成原因多么复杂，从总量上看，都表现为流通中的货币超过社会在不变价格下所能提供的商品和劳务总量。提高利率可使现有货币购买力推迟，减少即期社会需求，同时也使银行贷款需求减少；降低利率的作用则相反。中央银行还可以通过金融市场直接调控货币供应量。

（3）调节国民收入中消费与储蓄的比例。货币政策通过对利率的调节能够影响人们的消费倾向和储蓄倾向。低利率鼓励消费，高利率则有利于吸收储蓄。

（4）引导储蓄向投资的转化并实现资源的合理配置。储蓄是投资的来源，但储蓄不能自动转化为投资，储蓄向投资的转化依赖于一定的市场条件。货币政策可以通过利率的变化影响投资成本和投资的边际效率，提高储蓄转化的比重，并通过金融市场的有效运作，实现资源的合理配置。

2. 货币政策工具

货币政策工具可分为两大类：一般性政策工具、选择性政策工具。

（1）一般性政策工具包含三种：法定存款准备金率、再贴现政策、公开市场业务。

①法定存款准备金率。法定存款准备金率是指中央银行规定的金融机构为满足客户提取存款和资金清算需要而准备的在中央银行的存款占其存款总额的比例。

②再贴现政策。再贴现政策是中央银行通过制定或调整再贴现利率来干预和影响市场利率及货币市场的供应和需求，从而调节市场货币供应量的一种金融政策。提高再贴现率，则收紧货币供应量。

③公开市场业务。公开市场业务是指中央银行在金融市场上公开买卖有价证券，以此来调节市场货币供应量的政策行为。当中央银行认为应该增加货币供应量时，其就在金融市场上买进有价证券（主要是政府债券）；反之就出售所持有的有价证券。

（2）选择性政策工具包含两种：直接信用控制和间接信用指导。

①直接信用控制。它是指中央银行以行政命令或其他方式，直接对金融机构尤其是商业银行的信用活动进行控制。其具体手段包括规定利率限额与信用配额、信用条

件限制，规定金融机构流动性比率和直接干预等。

②间接信用指导。它是指中央银行通过道义劝告、窗口指导等办法来间接影响商业银行等金融机构行为的做法。

3. 货币政策的运作

货币政策的运作主要是指中央银行根据客观经济形势采取适当的政策措施调控货币供应量和信用规模，使之达到预定的货币政策目标，并以此影响整体经济的运行。

货币政策分为紧的货币政策和松的货币政策。

紧的货币政策的主要手段是减少货币供应量，提高利率，加强信贷控制。

松的货币政策的主要手段是增加货币供应量，降低利率，放松信贷控制。

4. 货币政策对证券市场的影响

我们可以从四个方面进行分析：利率、中央银行的公开市场业务对证券市场的影响、调节货币供应量对证券市场的影响、选择性货币政策工具对证券市场的影响。

（1）利率。一般来说，利率下降时，股票价格就上升；而利率上升时，股票价格就下降。原因：第一，利率的上升不仅会增加公司的借款成本，而且还会使公司难以获得必需的资金，这样，公司就不得不削减生产规模，而生产规模的缩小又势必会减少公司的未来利润。因此，股票价格就会下降。反之，股票价格就会上涨。第二，利率上升时，一部分资金从投向股市转向到银行储蓄和购买债券，从而会减少市场上的股票需求，使股票价格出现下跌。反之，利率下降时，储蓄的获利能力降低，一部分资金就可能回到股市中来，从而扩大对股票的需求，使股票价格上涨。第三，利率是计算股票内在投资价值的重要依据之一。当利率水平上升，投资者据以评估股票价值所在的折现率也会上升，股票价值因此会下降，从而也会使股票价格相应下降；反之，利率下降时，股票价格就会上升。

（2）中央银行的公开市场业务对证券市场的影响。当政府倾向于实施较为宽松的货币政策时，中央银行就会大量购进有价证券，从而使市场上货币供给量增加。这会推动利率下调，资金成本降低，从而使企业和个人的投资和消费热情高涨，生产扩张，利润增加，这又会推动股票价格上涨；反之，股票价格将下跌。我们之所以特别强调公开市场业务对证券市场的影响，还在于中央银行的公开市场业务的运作是直接以国债为操作对象，从而直接关系国债市场的供求变动，影响国债行市的波动。

（3）调节货币供应量对证券市场的影响。中央银行可以通过法定存款准备金率和再贴现政策调节货币供应量，从而影响货币市场和资本市场的资金供求，进而影响证券市场。如果中央银行提高法定存款准备金率，这在很大程度上限制了商业银行体系创造派生存款的能力，就等于冻结了一部分商业银行的超额准备金。由于法定存款准备金率对应数额庞大的存款总量，并通过货币乘数的作用，使货币供应量更大幅度地减少，从而使证券行情趋于下跌。

（4）选择性货币政策工具对证券市场的影响。为了实现国家的产业政策和区域经济政策，我国在中央银行货币政策通过贷款计划实行总量控制的前提下，对不同行业和区域采取区别对待的方针。一般说来，该项政策会对证券市场行情整体走势产生影响，而且还会因为板块效应对证券市场产生结构性影响。当直接信用控制或间接信用指导降低贷款限额、压缩信贷规模时，从紧的货币政策使证券市场行情呈下跌走势；但如果在从紧的货币政策前提下，实行总量控制，通过直接信用控制或间接信用指导区别对待，紧中有松，那么一些优先发展的产业和国家支柱产业以及农业、能源、交通、通信等基础产业及优先重点发展的地区的证券价格则可能不受影响，甚至逆势而上。总体来说，此时贷款流向反映当时的产业政策与区域政策，并引起证券市场价格的比价关系做出结构性的调整。

（三）汇率

1. 基本概念

汇率亦称外汇行市或汇价，是一国货币兑换另一国货币的比率，也是以一种货币表示另一种货币的价格。由于世界各国货币的名称不同，币值不一，所以一国货币对其他国家的货币要规定一个兑换率，即汇率。

从短期来看，一国（地区）的汇率是由对该国（地区）货币兑换外币的需求和供给所决定的。外国人购买本国商品、在本国投资以及利用本国货币进行投资会影响本国货币的需求。本国居民想购买外国产品、向外国投资以及外汇投机会影响本国货币供给。从长期来看，影响汇率的主要因素有相对价格水平、关税和限额、对本国商品相对于外国商品的偏好以及生产率。

2. 汇率变化对证券市场的影响

汇率变动主要包含两个方面：一是汇率水平波动，二是汇率制度变动，后者往往在短期内导致前者的发生并加剧其波动。在浮动汇率制下，汇率水平处于经常性波动之中。如资本可自由流动，国外名义利率提高将导致本国货币贬值，引发国内实际利率上升，影响投资需求。而对固定汇率进行制度性变革，也将造成汇率水平波动；加上相应放松资本管制，短期内，将强化该货币升值或贬值的预期，促使资本流动方向、规模和速度发生变化，诱发投机现象，影响证券市场走势。外汇市场对证券市场的影响随着资本开放度的提高更为明显，因此汇率风险是证券市场的主要系统性风险之一。

（四）收入政策

1. 收入政策概述

收入政策是国家为实现宏观调控总目标和总任务，针对居民收入水平高低、收入差距大小在分配方面制定的原则和方针。收入政策具有更高层次的调节功能，制约着财政政策和货币政策的作用方向和作用力度，最终也要通过财政政策和货币政策来实现。

收入政策有两个目标：收入总量目标、收入结构目标。

2. 我国收入政策的变化及其对证券市场的影响

我国实行以按劳分配为主体，多种分配方式并存的分配政策。在以劳动收入为主的前提下，国家依法保护法人和居民的一切合法收入和财产，鼓励城乡居民储蓄和投资，允许属于个人的资本等生产要素参与分配。

四、国际金融市场环境分析

国际金融市场按经营业务的种类划分，可以分为货币市场、证券市场、外汇市场、黄金市场和期权期货市场，这些市场是一个整体，各个市场相互影响。证券市场仅仅是国际金融市场的一部分，国际金融市场对一国证券市场的影响是通过该国国内其他金融市场的传导而产生的。国际金融市场对我国证券市场影响的途径如下：

（一）国际金融市场通过人民币汇率预期影响证券市场

一般而言，汇率上升，本币贬值，本国产品的竞争力增强，出口型企业将增加收益，因而企业的股票和债券价格将上涨；相反，依赖于进口的企业，其成本增加，利润受损，股票和债券价格将下跌。同时，汇率上升，本币贬值，将导致资本流出本国，资本的流失将使得本国证券市场需求减少，从而市场价格下跌。另外，汇率上升时，本币表示的进口商品价格提高，进而带动国内物价水平上涨，引起通货膨胀。通货膨胀对证券市场的影响须根据当时的经济形势和具体企业以及政策行为进行分析。

（二）国际金融市场动荡通过宏观面间接影响我国证券市场

国际金融市场动荡加大了我国宏观经济增长目标的执行难度，从而在宏观面和政策面上间接影响我国证券市场的发展。改革开放以来，我国国民经济的对外依存度大大提高，国际金融市场动荡导致出口增幅下降、外商直接投资下降，从而使经济增长率下降，失业率随之上升，宏观经济环境的恶化导致上市公司业绩下降和投资者信心不足，最终使证券市场下跌。

（三）国际金融市场动荡通过微观面直接影响我国证券市场

随着证券市场的日益开放，A 股与 H 股的关联性还将进一步增强：一是股权分置改革的顺利完成将加速 A-H 股价值的接轨进程；二是沪港通和深港通的开通后，在套利机制的作用下趋于消失，使得两者股份逐步融合；三是会使很多的大型上市公司同时出现在 A 股与 H 股市场。

第二节 行业分析

一、行业分析的概念和意义

（一）基本概念

行业分析是指根据经济学原理，综合应用统计学、计量经济学等分析工具对行业经济的运行状况、产品生产、销售、消费、技术、行业竞争力、市场竞争格局、行业政策等行业要素进行深入的分析，从而发现行业运行的内在经济规律，进而预测未来行业发展的趋势。

（二）意义

行业是由许多同类企业构成的群体。如果我们只进行企业分析，虽然我们可以知道某个企业的经营和财务状况，但不能知道其他同类企业的状况，无法通过比较知道企业在同行业中的位置。而这在充满着高度竞争的现代经济中是非常重要的。另外，行业所处生命周期的位置制约着或决定着企业的生存和发展。

汽车诞生以前，欧美的马车制造业曾经是何等的辉煌，然而时至今日，连汽车产业都已进入生命周期中的稳定期了。这说明，如果某个行业已处于衰退期，则这个行业中的企业，不管其资产多么雄厚，经营管理能力多么强，都不能摆脱其暗淡的前景。

投资者在考虑新投资时，不能投资那些快要没落和被淘汰的夕阳行业。投资者在选择股票时，不能被眼前的景象所迷惑，而要分析和判断企业所属的行业是处于初创期、成长期，还是稳定期或是衰退期，绝对不能购买那些属于衰退期的行业的股票。

行业特征是直接决定公司投资价值的重要因素之一。行业分析是上市公司分析的前提，是连接宏观经济分析和上市公司分析的桥梁。

行业分析旨在界定行业本身所处的发展阶段及其在国民经济中的地位，同时对不同的行业进行横向比较，为最终确定投资对象提供准确的行业背景。

行业分析的目的是挖掘最具投资潜力的行业，进而选出最具投资价值的上市公司。由此可见，只有进行行业分析，我们才能更加明确地知道某个行业的发展状况，以及它所处的行业生命周期的位置，并据此做出正确的投资决策。

二、行业的经济结构分析

行业的经济结构随该行业中企业的数量，产品的性质、价格和其他一些因素的变化而变化。根据经济结构的不同，一个行业可分为四种市场类型：完全竞争市场、垄断竞争市场、寡头垄断市场和完全垄断市场。

（一）完全竞争市场

完全竞争市场是指许多企业生产同质产品的市场情形。完全竞争市场的特点是：各种生产资料可以完全流动；产品不论是有形的或无形的，都是同质的，无差别的；没有一个企业能够影响产品的价格；企业永远是价格的接受者，而不是价格的制定者；企业的盈利基本上由市场对产品的需求来决定；生产者和消费者对市场情况非常了解，并可自由进入或退出这个市场。

从以上特点可以看出，完全竞争市场是一个理论性很强的市场类型，其根本特点在于所有的企业都无法控制市场的价格和使产品差异化。在现实经济中完全竞争的市场类型是少见的，初级产品的市场类型较类似于完全竞争。

（二）垄断竞争市场

垄断竞争市场是指许多生产者生产同种但不同质的产品的市场情形。垄断竞争市场的特点是：生产者众多，各种生产资料可以流动。生产的产品同种但不同质，即产品之间存在着差异。产品的差异性是指各种产品之间存在着实际上或想象上的差异，它是垄断竞争与完全竞争的主要区别。由于产品差异性的存在，生产者可以树立自己产品的信誉，从而对其产品的价格有一定的控制能力。在国民经济各产业中，制成品的市场一般都属于这种类型。

（三）寡头垄断市场

寡头垄断市场是指相对少量的生产者在某种产品的生产中占据很大市场份额的市场情形。在寡头垄断的市场上，由于这些少数生产者的产量非常大，因此他们对市场的价格交易具有一定的垄断能力；同时，由于只有少量的生产者生产同一种产品，因此每个生产者的价格政策和经营方式及其变化都会对其他生产者形成重要影响。因此，在这个市场上，通常存在着一个起领导作用的企业，其他企业随着该企业的定价与经营方式的变化而相应地进行某些调整。

资本密集型、技术密集型产品，如钢铁、汽车等，以及少数储量集中的矿产品如石油等的市场多属这种类型，因为生产这些产品所必需的巨额投资、复杂的技术或产品储量的分布限制了新企业对这个市场的侵入。

（四）完全垄断市场

完全垄断市场是指独家企业生产某种特质产品的市场情形。特质产品是指那些没有或缺少相近的替代品的产品。完全垄断分为两种类型：政府完全垄断，如国有铁路、邮电等；私人完全垄断，如政府授予的特许专营或根据专利生产的独家经营，以及由于资本雄厚、技术先进而建立的排他性的私人垄断经营。

完全垄断市场的特点是：由于市场被独家企业所控制，产品又没有或缺少合适的替代品，因此，垄断者能够根据市场的供需情况制定理想的价格和产量，在高价少销和低价多销之间进行选择，以获取最大的利润；垄断者在制定产品的价格与生产数量方面的自由性是有限度的，它要受到反垄断法和政府管制的约束。在现实生活中，公用事业（如发电、煤气、自来水和邮电通信等），某些资本、技术高度密集型行业或稀有金属矿藏的开采等行业属于这种市场类型。

三、经济周期与行业分析

根据行业与经济周期的关系，行业可分为三类：增长型行业、周期型行业、防守型行业。

（一）增长型行业

增长型行业的运动状态与经济活动总水平的周期及其振幅并不紧密相关。这些行业收入增长的速率并不会总是随着经济周期的变动而出现同步变动，因为它们主要依靠技术的进步、新产品的推出以及更优质的服务，因此其经常呈现出增长形态。这些行业在经济周期性的波动中，为人们提供了一种财富“套期保值”手段，如信息技术（IT）行业。

（二）周期型行业

周期型行业的运动状态与经济周期紧密相关，如消费品业、耐用品制造业及其他需求收入弹性较大的行业。

（三）防守型行业

防守型行业的经营在经济周期的上升和下降阶段都很稳定，不受经济周期处于衰退状态的影响。这种运动形态的存在是因为该类型行业的产品需求相对稳定，需求弹性小，因此经济周期处于衰退阶段对这种行业的影响也比较小，如食品业和公用事业。该类型行业往往提供生活必需品或必要的公共服务。

四、行业演变及行业集中趋势分析

（一）行业生命周期分析

1. 幼稚期

这一时期的产品设计尚未成熟，行业利润率较低、市场增长率较高、需求增长较快、技术变动较大，行业中的企业主要致力于开辟新用户、占领市场，但此时在技术上有很大的不确定性，在产品、市场、服务等策略上有很大的余地，对行业特点、行业竞争状况、用户特点等方面的信息掌握不多，行业的进入壁垒较低。

2. 成长期

这一时期的市场增长率很高，需求高速增长，技术渐趋定型，行业特点、行业竞争状况及用户特点已比较明朗，企业进入壁垒提高，产品品种及竞争者数量增多。

3. 成熟期

这一时期的市场增长率不高，需求增长率不高，技术上已经成熟，行业特点、行业竞争状况及用户特点非常清楚和稳定，买方市场形成，行业盈利能力下降，新产品和产品的新用途开发更为困难，行业的进入壁垒很高。

4. 衰退期

这一时期的行业生产能力会出现过剩现象，技术被模仿后出现的替代产品充斥市场，市场增长率严重下降，产品需求下降，产品品种及竞争者数目减少。

从衰退的原因来看，行业衰退有四种类型：资源型衰退，即由生产依赖的资源的枯竭所导致的衰退；效率型衰退，即由效率低下的比较劣势而引起的行业衰退；收入弹性低型衰退，即因需求—收入弹性较低而衰退的行业；聚集过度型衰退，即因经济过度聚集引起的行业衰退。

（二）行业集中趋势分析

1. 行业集中度

最基本的行业集中度指标是绝对集中度指标，其通常用规模上处于行业前几位的企业的生产、销售、资产或职工的累计数量（或数额）占整个市场的生产、销售、资产或职工总量的比重来表示。其公式为

$$CR_n = \frac{\sum (X_i)_n}{\sum (X_i)_N} = \sum_{i=1}^{n} S_i$$

CR_n接近于 0 意味着最大的 n 个企业仅供应了市场很小部分的产品。相反地，CR_n接近于 1 意味着非常高的集中程度。实际操作中测量行业集中度比较容易，而且这一指标

又能较好地反映产业内生产集中的状况，显示市场的垄断和竞争的程度，因此行业集中度指标使用得非常广泛。但是，行业集中度指标仅仅反映了行业中规模最大的前几位企业的市场集中程度，却忽略了其余规模企业的分布情况，因此单凭这一指标还难以把握行业内全部企业的规模分布状况。

2. HHI 指数

HHI 指数的全称为赫芬达尔—赫希曼指数（Herfindahl- Hirschman Index），它是衡量一个行业内市场集中度的一个好办法。其公式为

$$HHI = \sum_{i=1}^{n} \left(\frac{X_i}{X}\right)^2 = \sum_{i=1}^{n} S_i^2$$

式中，X 是市场的总规模；X_i 是第 i 个企业的规模；$S_i = X_i / X$，是第 i 个企业的市场占有率；n 是该产业内的企业数。

产业内企业的规模越接近，且企业数越多，HHI 指数就越接近于零。由于平方和计算有放大性，HHI 指数对规模最大的几个企业的市场份额变化反映特别敏感，因此，HHI 指数能真实地反映市场中企业在规模上的差异。在市场集中度的研究中，HHI 指数作为一个能综合反映行业内企业规模分布的指标而被广泛应。为了计算某个指定市场的 HHI 指数，研究人员必须收集到该市场上所有企业的市场份额信息，这项工作的成本是比较高的。

3. 收入基尼系数

收入基尼系数是 20 世纪初意大利经济学家基尼根据劳伦兹曲线定义的判断收入分配公平程度的指标。它是比例数值，在 0 和 1 之间，是指在全部居民收入中，用于进行不平均分配的那部分收入占总收入的百分比。收入基尼系数最大为“1”，最小等于“0”。前者表示居民之间的收入分配绝对不平均，即 100%的收入被一个单位的人全部占有；而后者则表示居民之间的收入分配绝对平均，即人与人之间收入完全平等，没有任何差异。但这两种情况只是在理论上的绝对化形式，在实际生活中一般不会出现。因此，收入基尼系数的实际数值只能介于 0~1。收入基尼系数是用来综合考察居民内部收入分配差异状况的一个重要分析指标：当其等于 0 时，意味着所有企业规模完全相等；当其等于 1 时，意味着市场被一家企业完全垄断；其越大，意味着企业规模分布越不均匀。

不过，虽然收入基尼系数能够反映企业规模的分布，但无法反映少数几个规模相同企业的市场结构状况，如等规模寡头垄断结构。

五、区域分析与区域板块效应

（一）区域分析

区域分析是指根据国民经济发展的长期规划或远景设想，对一定地区范围内以工业为主的经济建设的总体布置进行自然、技术、经济的分析和评价。主要内容包括资源的综合开发和利用，区域的发展方向，工业企业的合理组合和布点，区域性的交通、动力、水利、农林、环境保护等各项工程设施和建筑基地的综合安排，居民点体系的

规划等。区域分析的目的在于使区域内国民经济的各个组成部分之间和各个工业企业之间有良好的协作配合，使居民点的布置更加合理，各项工程的建设更有秩序，从而保证新工业区和新工业城市建设的顺利发展。区域分析便于进行厂址选择。

（二）区域板块效应

区域板块效应是指同一地区内的上市公司，由于所处的政策与区域环境具有同一性，市场普遍预期这个地区的相关上市公司可能共同受益于特定的政策与环境变化，从而导致其股票价格在二级市场上产生联动变化。

第三节　公司分析

一、企业基本面分析

（一）企业行业地位分析

行业地位分析的目的是判断企业在所处行业中的竞争地位。如是否为领导企业，在价格上是否具有影响力，是否具有竞争优势等。在大多数行业中，无论其行业平均盈利能力如何，总有一些企业具有更强的获利能力。企业的行业地位决定了其盈利能力是高于还是低于行业平均水平，决定了其在行业内的竞争地位。衡量企业行业竞争地位的主要指标是产品的市场占有率。

（二）公司经济区位分析

经济区位是指地理范畴上的经济增长点及其辐射范围。处在好的经济区位内的上市公司，一般具有较高的投资价值。上市公司区位分析的内容包括以下三个方面：

1. 区位内的自然条件与基础条件

自然条件和基础条件包括矿产资源、水资源、能源、交通、通信设施等，它们在区位经济发展中起着重要作用，也对区位内上市公司的发展起着重要的限制或促进作用。分析区位内的自然条件与基础条件，有利于分析该区位内上市公司的发展前景。如果上市公司从事的行业与当地的自然条件和基础条件不符，企业的发展就可能会受到很大制约。

2. 区位内政府的产业政策

为了促进区位经济的发展，当地政府一般都会制定相应的经济发展战略规划，提出相应的产业政策，确定区位优先发展和扶持的产业，并给予相应的财政、信贷及税收等诸多方面的优惠措施。这些措施有利于引导和推动相应产业的发展，相关产业内的公司将因此受益。

3. 区位内的经济特色

区位内为经济特色是指区位内经济与区位外经济的联系性和互补性、龙头作用及其发展活力与潜力的比较优势。具有当地特色的企业比区位的其他主营业务相同的上市公司具有更大的竞争优势和发展空间。

（三）企业产品竞争能力分析

1. 成本优势

成本优势是指企业的产品依靠低成本获得高于同行业其他企业的盈利的能力。成本优势是决定竞争优势的关键因素。成本优势可通过规模经济、专有技术、优惠的原材料、低廉的劳动力、科学的管理、发达的营销网络等实现。

2. 技术优势

技术优势是指企业拥有比其他竞争对手更强的技术实力及研究与开发新产品的能力，主要体现在企业的生产技术水平和产品技术含量上面。企业新产品的研究与开发（R&D）能力是决定企业竞争成败的关键因素。其实现方式包括产品创新和人才创新。

产品创新包括四种方式：一是通过核心技术研发，开发出一种新产品或提高产品质量；二是通过研究新工艺，降低现有生产成本，开发出一种新的生产方式；三是根据细分市场进行产品细分，实行产品差别化生产；四是通过研究产品要素新组合，获得一种原材料或半成品的新的供给来源等。

3. 质量优势

质量优势是指企业的产品以高于其他企业同类产品的质量赢得市场，从而取得竞争优势。由于企业技术能力及管理等诸多因素的差别，不同企业间相同产品的质量是有差别的。消费者在进行购买选择时，产品的质量始终是影响他们购买倾向的一个重要因素。当一个企业的产品价格溢价超过了其为追求产品的质量优势而附加的额外成本时，该企业就能获得高于其所属行业平均水平的盈利。换句话说，在与竞争对手成本相等或成本近似的情况下，具有质量优势的企业往往在该行业中占据领先地位。

4. 产品的市场占有情况

产品的市场占有情况在衡量企业产品竞争力方面占有重要地位。我们通常可以从两个方面进行考察。其一，企业产品销售市场的地域分布情况。企业销售市场类型可分为地区型、全国型和世界范围型。市场地域的范围能大致估计一家企业的经营能力和实力。其二，企业产品在同类产品市场上的占有率。市场占有率是指企业某产品的销售量占该类产品在整个市场的销售总量的比例。市场占有率越高，表示企业的经营能力和竞争力越强，企业的销售和利润水平越高、越稳定。

5. 产品的品牌战略

品牌是一个商品的名称和商标的总称，可以用于辨别一个卖者或者卖者集团的货物或劳务，以便同竞争者的产品相区别。品牌竞争是产品竞争的延伸和深化。产业进入成熟阶段后，品牌就成为产品及企业竞争力的一个越来越重要的因素。品牌有三个功能：一是创造市场的功能，二是联合市场的功能，三是巩固市场的功能。

（四）公司经营能力分析

1. 公司法人治理结构

法人治理结构，又称公司治理（corporate governance），是现代企业制度中最重要的组织架构。狭义的公司治理主要是指公司内部股东、董事、监事及经理层之间的关系，广义的公司治理还包括与利益相关者（如员工、客户、存款人和社会公众等）之间的关系。公司作为法人，也就是作为由法律赋予了人格的团体人、实体人，需要有相适应的组织体制和管理机构，使之具有决策能力、管理能力，行使权利，承担责任，从而使公司法人能有效地活动起来，因此法人治理结构很重要，是公司制度的核心。

2. 企业经理人员的素质

所谓素质，是指个人品质、性格、学识、能力、体质等多方面特性的总和。在一定意义上，是否有卓越的企业经理人员直接决定着企业的经营成果的好坏。一般而言，企业经理人员应该具备的素质有：一是从事管理工作的愿望，二是专业技术能力，三是良好的道德品质修养，四是人际关系协调能力。

3. 企业从业人员的素质和创新能力

企业从业人员的素质对公司的发展起着很重要的作用。企业从业人员应该具有的素质有：专业技术能力、对企业的忠诚度、责任感、团队合作精神和创新能力等。投资者对员工的素质进行分析，可以判断企业发展的持久力和创新能力。

（五）企业盈利能力分析

对企业盈利进行的预测是判断企业估值水平及投资价值的重要基础。盈利预测是建立在对企业深入了解和谨慎判断基础之上的，即通过对企业基本面进行分析，进而对企业的预测做出假设。所做假设应该与企业、行业和宏观经济环境相符，且与以往年度各项经济指标比率的变化相符。盈利预测的假设主要包括：

（1）销售收入预测，包括销售收入的历史数据和发展趋势、企业产品的需求变化、市场占有率和销售网络、主要产品的存货情况、销售收入的明细等方面。销售收入预测的准确性也是企业盈利预测中最为关键的因素。

（2）生产成本预测，包括生产成本的结构、主要原材料的价格走势和每年所需原材料的总量、成本变动和销售情况变动、能否将上涨的成本转嫁给下游、毛利率的变化情况等。

（3）管理和销售费用预测，包括销售费用和销售费用占销售收入的比例、管理费用的变化、新市场的拓展、每年的研究和开发费用占销售收入的比例等。

（4）财务费用预测，包括新增长期贷款和短期贷款等。

（5）其他，包括主营业务利润占税前利润的百分比、非经常项目及其他利润占税前利润的比例、到目前为止利润的完成情况等。

二、公司财务报表分析

财务比率是指同一张财务报表的不同项目之间、不同类别之间、在同一年度不同财务报表的有关项目之间，各会计要素的相互关系。财务比率分析是对公司财务报表进行更深层次的比较分析或因素分析的基础。

财务比率指标可归为以下六大类：变现能力分析、营运能力分析、长期偿债能力分析、盈利能力分析、投资收益分析、现金流量分析。

（一）变现能力分析

变现能力是企业产生现金的能力，它取决于可以在近期转变为现金的流动资产的数量，是考察企业短期偿债能力的关键。由于偿还短期债务要减少现金，所以在计量变现能力时要扣除短期负债。

反映变现能力的财务比率主要有流动比率和速动比率。

1. 流动比率

流动比率是流动资产对流动负债的比率。公式如下：

$$流动比率 = \frac{流动资产}{流动负债}$$

流动比率反映企业用可在短期内转变为现金的流动资产偿还到期流动债务的能力。就总体而言，该项比率过高反映了企业的资金没有得到充分利用，过低则说明企业偿债的安全性较差。一般来说，该比率应保持在 2∶1。该指标排除了企业规模不同的影响，更适合企业间及同一企业不同历史时期的比较。但其要受营业周期、流动资产中的应收账款数额、存货的周转速度等的影响。

2. 速动比率

速动比率，也称酸性测试比率，是流动资产金额减去存货金额后，再除以流动负债的比值。公式如下：

$$速动比率 = \frac{流动资产 - 存货}{流动负债}$$

把存货从流动资产中剔除的原因：①在流动资产中，存货的变现能力最差。②由于某种原因，部分存货可能已损失报废，但还没做处理。③部分存货已抵押给某债权人。④存货估价还存在着成本与当前市价相差悬殊的问题。

通常认为正常的速动比率是 1，低于 1 的速动比率被认为是短期偿债能力偏低。

3. 保守速动比率

流动资产中除存货存在不确定因素外，还有一些与当期现金流量无关的流动资产，其流动性也较差，如预付费用等。将这些项目扣除后的现金比率反映的企业短期偿债能力更准确。扣除这些项目后的现金比率就是保守速动比率，也叫超速动比率。公式如下：

$$保守速动比率 = \frac{现金 + 短期证券 + 应收票据 + 应收账款净额}{流动负债}$$

（二）营运能力分析

营运能力是指企业在经营管理中利用资金运营的能力，一般通过企业资产管理比率来衡量，主要表现为资产管理及资产利用的效率。

分析指标主要包括存货周转率、应收账款周转率、流动资产周转率和总资产周转率。

1. 存货周转率和存货周转天数

存货周转率又名库存周转率，是企业一定时期营业成本与平均存货余额的比率，用于反映存货的周转速度，即存货的游动性及存货资金占用是否合理。

$$存货周转率 = \frac{销售成本}{平均存货}$$

存货周转天数是指企业从取得存货开始，至消耗、销售为止所经历的天数。

$$\text{存货周转天数}=\frac{360}{\text{存货周转率}}$$

公式中的“销售成本”数据来自利润表，“平均存货”数据来自资产负债表中“存货”期初数与期末数的平均数。一般来说，存货周转速度越快，存货的占用水平越低，流动性越强，存货转化为现金或应收账款的速度越快。

2. 应收账款周转率和应收账款周转天数

应收账款周转率反映年度内应收账款转为现金的平均次数，说明应收账款流动的速度。公式如下：

$$\text{应收账款周转率}=\frac{\text{营业收入}}{\text{平均应收账款}}$$

$$\text{平均应收账款}=\frac{\text{应收账款期初余额}+\text{期末余额应收账款}}{2}$$

应收账款周转天数表示公司从取得应收账款的权利到收回款项转换为现金所需要的时间，是用时间表示的应收账款周转速度。公式如下：

$$\text{应收账款周转天数}=\frac{360}{\text{应收账款周转率}}$$

3. 流动资产周转率

流动资产周转率反映了企业流动资产的周转速度，是从企业全部资产中流动性最强的流动资产角度对企业资产的利用效率进行分析，以进一步揭示影响企业资产质量的主要因素。企业要实现该指标的良性变动，应以主营业务收入增幅大于流动资产增幅做保证。流动资产周转率的公式为

$$\text{流动资产周转率}=\frac{\text{销售收入}}{\text{平均流动资产总额}}\times 100\%$$

式中，平均流动资产总额是指企业流动资产总额的年初数与年末数的平均值。公式为

$$\text{平均流动资产总额}=\frac{\text{流动资产总额年初数}+\text{流动资产总额年末数}}{2}$$

企业通过对流动资产周转率进行对比分析，可以促进内部管理，充分有效地利用流动资产，如降低成本、调动暂时闲置的货币资金用于短期投资、创造收益等，还可以促进企业采取措施扩大销售，提高流动资产的综合使用效率。一般情况下，该指标越高，表明企业流动资产周转速度越快，流动资产利用越好。

4. 总资产周转率

总资产周转率是考察企业资产运营效率的一项重要指标，体现了企业经营期间全部资产从投入到产出的流转速度，反映了企业全部资产的管理质量和利用效率。公式为

$$\text{总资产周转率}=\frac{\text{销售收入}}{\text{平均资产总额}}\times 100\%$$

式中，平均资产总额是指企业资产总额年初数与年末数的平均值。企业通过对该

指标进行对比分析，可以反映其本年度以及以前年度总资产的运营效率和变化，发现其与同类企业在资产利用上的差距，促进其挖掘潜力、积极创收、提高产品市场占有率、提高资产利用效率。一般情况下，该数值越高，表明企业总资产周转速度越快，销售能力越强，资产利用效率越高。

（三）长期偿债能力分析

长期偿债能力是公司偿付到期长期债务的能力，通常以反映债务与资产、净资产的关系的负债比率来衡量。指标包括资产负债率、产权比率、有形资产净值债务率、已获利息倍数、长期债务与营运资金比率。

1. 资产负债率

资产负债率是负债总额除以资产总额的百分比，也就是负债总额与资产总额的比例关系。

$$资产负债率 = \frac{负债总额}{资产总额} \times 100\%$$

要判断资产负债率是否合理，首先要看分析者站在谁的立场。资产负债率这个指标反映债权人所提供的资本占全部资本的比例，也被称为举债经营比率。

从债权人的立场看，他们最关心的是贷给企业的款项的安全程度，也就是能否按期收回本金和利息。如果股东提供的资本与企业资本总额相比，只占较小的比例，则企业的风险将主要由债权人负担，这对债权人来讲是不利的。因此，债权人希望债务比例越低越好，企业偿债有保证，给企业贷款不会有太大的风险。

从股东的角度看，由于企业通过举债筹措的资金与股东提供的资金在经营中发挥同样的作用，所以股东关心的是全部资本利润率是否超过借入款项的利率，即借入资本的代价。在企业所得的全部资本利润率超过因借款而支付的利息率时，股东所得到的利润就会增加。相反，如果运用全部资本所得的利润率低于借款利息率，则对股东不利，因为借入资本的多余的利息要用股东所得的利润份额来偿还。因此，从股东的立场看，在全部资本利润率高于借款利息率时，负债比例越大越好，否则反之。

从经营者的立场看，如果举债很多，超出债权人心理承受范围，企业就借不到钱。如果企业不举债，或负债比例很小，说明企业畏缩不前，对前途信心不足，利用债权人资本进行经营活动的能力很差。从财务管理的角度来看，企业应当审时度势，全面考虑，在利用资产负债率制定借入资本决策时，必须充分估计预期的利润和增加的风险，在两者之间权衡利害得失，做出正确决策。

2. 产权比率

产权比率是负债总额与所有者权益总额的比率，也是指股份制企业中，股东权益总额与企业资产总额的比率，是评估资金结构合理性的一种指标。公式为

$$产权比率 = \frac{负债总额}{所有者权益总额} \times 100\%$$

产权比率用来表明债权人提供的资本和投资者提供的资本的相对关系，反映企业基本的财务结构。一般来说，所有者提供的资本大于借入资本为好，但也不能一概而

论。该指标同时也表明债权人投入的资本受到所有者权益保障的程度，或者说是企业清算时对债权人利益的保障程度。另外，产权比率还反映了企业自有资金偿还全部债务的能力，因此它又是衡量企业负债经营是否安全有利的重要指标。

一般来说，产权比率越低，表明企业长期偿债能力越强，债权人权益保障程度越高，承担的风险越小。一般认为这一比率为100%以下时，经营者应该是有偿债能力的，但还应该结合企业的具体情况加以分析。当企业的资产收益率大于负债成本率时，负债经营有利于提高资金收益率，获得额外的利润，这时的产权比率可适当高些。产权比率高，是高风险、高报酬的财务结构；产权比率低，是低风险、低报酬的财务结构。

3. 有形资产净值债务率

有形资产净值债务率是企业负债总额与有形资产净值的百分比。有形资产净值是所有者权益减去无形资产净值后的净值，即所有者具有所有权的有形资产净值。有形资产净值债务率用于揭示企业的长期偿债能力，表明债权人在企业破产时的被保护程度。公式为

$$有形资产净值债务率=\frac{负债总额}{所有者权益-无形资产净值}\times 100\%$$

4. 已获利息倍数

已获利息倍数也称利息保障倍数，是指上市公司息税前利润相对于所需支付的债务利息的倍数，可用来分析企业在一定盈利水平下支付债务利息的能力。其计算公式为

$$已获利息倍数=\frac{息税前利润}{利息费用}$$

公式中的“息税前利润”是指利润表中未扣除利息费用和所得税之前的利润。它可以用“利润总额加利息费用”来测算。“利息费用”是指本期发生的全部应付利息，不仅包括财务费用中的利息费用，还应包括计入固定资产成本的资本化利息。

这一比率越高，说明企业的利润为支付债务利息提供的保障程度越高。如果企业在支付债务利息方面资信高，即能够一贯按时、足额地支付债务利息，那么，企业就可以借新债还旧债，不需要偿还债务本金。如果利息保障倍数较低，则说明企业的利润难以为支付利息提供充分保障，就会使企业失去对债权人的吸引力。一般而言。利息保障倍数至少要大于1，否则，企业就不能举债经营。

5. 长期债务与营运资金比率

长期债务是指需要支付利息、年期超过1年的贷款或财务责任。营运资金是企业在经营中可供运用周转的流动资金净额。

$$长期债务与营运资金比率=\frac{长期债务}{流动资产-流动负债}\times 100\%$$

一般情况下，长期债务不应超过营运资金。长期债务会随时间延续不断转化为流动负债，并需运用流动资产来偿还。保持长期债务不超过营运资金，就不会因这种转化而造成流动资产小于流动负债，从而使长期债权人和短期债权人感到贷款有安全

保障。

（四）盈利能力分析

盈利能力就是公司赚取利润的能力。一般来说，企业的盈利能力只涉及正常的营业状况。非正常的营业状况也会给企业带来收益或损失，但这只是特殊情况下的个别情况，不能说明企业的盈利能力。

1. 销售净利率

$$销售净利率 = \frac{净利润}{销售收入} \times 100\%$$

该指标反映每1元销售收入带来的净利润是多少，表示销售收入的收益水平。从销售净利率的指标关系看，净利润与销售净利率成正比关系，而销售收入与销售净利率成反比关系。

2. 销售毛利率

$$销售毛利率 = \frac{销售收入 - 销售成本}{销售收入} \times 100\%$$

销售毛利率表示每1元销售收入扣除销售成本后，有多少钱可以用于各项期间费用和形成盈利。销售毛利率是企业销售净利率的基础，即没有足够的毛利率便不能盈利。它是反映企业主营业务活动获利能力的指标，体现了企业的获利空间和基础。

3. 资产净利率

资产净利率是企业净利润与平均资产总额的百分比。该指标表明企业资产的利用效果，指标越高，表明资产的利用效果越好，说明企业在增收节支和加速资金周转方面取得了良好效果。资产净利率是一个综合指标，资产净利率的计算公式为

$$资产净利率 = \frac{净利润}{平均资产总额} \times 100\%$$

4. 净资产收益率（净值报酬率、权益报酬率）

净资产收益率又称股东权益收益率，是净利润与年末净资产的百分比。该指标反映股东权益的收益水平，指标越高，说明投资带来的收益越高。净资产收益率用以衡量企业运用自有资本的效率。其公式为

$$净资产收益率 = \frac{净利润}{年末净资产} \times 100\%$$

净资产收益率弥补了每股税后利润指标的不足。例如，在企业向原有股东送红股后，每股盈利将会下降，从而在投资者中造成错觉，以为企业的获利能力下降了，而事实上，企业的获利能力并没有发生变化，因此用净资产收益率来分析企业获利能力就比较适宜。

（五）投资收益分析

1. 每股收益

该指标直接揭示了企业本年度的盈利状况。它反映普通股的获利水平。投资者在分析时，可以进行企业间的比较，以评价该企业的相对盈利能力；可以进行不同时期的比较，以了解该企业盈利能力的变化趋势。其公式为

$$每股收益 = \frac{净利润}{年末普通股份总数}$$

2. 市盈率

市盈率是一个反映股票收益与风险的重要指标，也叫市价盈利率。它是用当前每股市场价格除以该企业的每股收益得出的。其计算公式如下

$$市盈率 = \frac{每股市价}{每股收益} \times 100\%$$

一般来说，市盈率表示该企业需要累积多少年的盈利才能达到目前的市场价格水平，所以市盈率指标数值越小越好。越小说明投资回收期越短，风险越小，投资价值一般就越高；越大则意味着翻本期越长，风险越大。

投资者在使用市盈率指标时应注意以下问题：该指标不能用于不同行业企业的比较，成长性好的新兴行业的市盈率普遍较高，而传统行业的市盈率普遍较低，但这并不说明后者的股票没有投资价值。还有，在每股收益很小或亏损时，由于市价不至于降为零，因此企业的市盈率会很高，如此情形下的高市盈率不能说明任何问题。

另外，市盈率的高低受市场价格的影响，因此观察市盈率的长期趋势很重要。

3. 股利支付率

股利支付率是指净收益中股利所占的比重。它反映企业的股利分配政策和股利支付能力。其计算公式为

$$股利支付率 = \frac{每股股利}{每股收益} \times 100\%$$

与股利支付率指标关系比较紧密的一个指标是“股票获利率”，其是指普通股每股股利与普通股每股市价的比率。其公式如下：

$$股票获利率 = \frac{普通股每股股利}{普通股每股市价} \times 100\%$$

股票获利率主要应用于非上市公司的少数股权的投资收益分析。其目的在于计算稳定的股利收益。

4. 每股净资产（每股账面价值、每股权益）

每股净资产又称为账面价值，也称为股票的净值，是用会计统计的方法计算出来的每股股票所包含的资产净值。股份公司的账面价值越高，则股东实际拥有的资产就越多。由于账面价值是财务统计、计算的结果，数据较准确而且可信度很高，所以它是股票投资者评估和分析上市公司实力重要依据之一。其计算公式为

$$每股净资产 = \frac{年末净资产}{年末普通股份总数}$$

该指标反映发行在外的每股普通股所代表的净资产成本，即账面权益。其在理论上提供了股票的最低价值。

5. 市净率

市净率（Price-to-Book Ratio，简称“P/B”或“PBR”）指的是每股股价与每股净资产的比率。市净率可用于股票投资分析，一般来说市净率较低的股票，投资价值较高，相反，则投资价值较低；但在判断投资价值时还要考虑当时的市场环境以及企业经营情况、盈利能力等因素。由于市净率能反映市场对上市公司未来的经营预期，因此投资者通过评判市净率就能得知个股的风险状况。市净率越小，说明股票的投资价值越高，股价的支撑越有保证。市净率的计算公式如下：

$$市净率=\frac{每股市场价格}{每股净资产}\times 100\%$$

（六）现金流量分析

现金流量分析不仅要依靠现金流量表，还要结合资产负债表和利润表。

1. 流动性分析

所谓流动性，是指将资产迅速转变为现金的能力。

（1）现金到期债务比。

$$现金到期债务比=\frac{经营现金净流量}{本期到期的债务}\times 100\%$$

式中，经营现金净流量是现金流量表中的“经营活动产生的现金流量净额”，本期到期的债务是指本期到期的长期债务和本期应付的应付票据。

（2）现金流动负债比。

$$现金流动债务比=\frac{经营现金净流量}{流动负债}\times 100\%$$

这一指标中，现金流动债务比与现金偿债能力呈反比，即该比率较低，说明企业依靠现金偿还债务的压力较大，若较高，则说明企业能轻松地依靠现金偿债。

（3）现金债务总额比。

$$现金债务总额比=\frac{经营现金净流量}{债务总额}\times 100\%$$

此项比率越高，表明企业承担债务的能力越强。

2. 获取现金能力分析

（1）销售现金比率。

$$销售现金比率=\frac{经营现金净流量}{销售收入}\times 100\%$$

公式中的销售收入是指销售收入和应向购买者收取的增值税税额。该比率反映每1元销售收入得到的净现金，其数值越大越好。

（2）每股营业现金流量。

$$每股营业现金流量=\frac{经营现金净流量}{普通股股数}$$

该指标反映企业最大的分派股利的能力，也反映每股经营所得的净现金，其值越大越好。

（3）全部资产现金回收率。

$$全部资产现金回收率=\frac{经营现金净流量}{资产总额}\times 100\%$$

该指标是经营现金净流量与全部资产的比值，反映了企业资产产生现金的能力。

3. 财务弹性分析

财务弹性分析是指对企业适应经济环境变化和利用投资机会的能力进行的分析。这种能力来源于现金流量和支付要求的比较，现金流量超过支付要求，有剩余的现金，财务弹性大，适应性强，反之财务弹性小，适应性弱。因此，财务弹性的衡量是用现金流量与支付要求进行比较，支付要求可以是投资需求或承诺支付等。

（1）现金满足投资比率。

现金满足投资比率反映企业经营产生的现金满足资本支出与存货增加和发放现金股利的能力，其值越大越好。比率越大，资金自给率越高。其计算公式如下：

$$现金满足投资比率=\frac{近5年累计经营活动现金净流量}{近5年资本支出+存货增加+现金股利之和}$$

该比率达到1，说明企业可以用经营获取的现金满足企业扩充所需资金；若小于1，则说明企业部分资金要靠外部融资来补充。

（2）现金股利保障位数。

现金股利保障倍数是指经营活动净现金流量与现金股利支付额之比。其计算公式如下：

$$现金股利保障倍数=\frac{每股营业现金净流量}{每股现金股利}$$

支付现金股利率越高，说明企业的现金股利占结余现金流量的比重越小，企业支付现金股利的能力越强。

4. 收益质量分析

收益质量是指报告收益与企业业绩之间的关系。如果收益能如实反映企业业绩，则认为收益的质量好；如果收益不能很好地反映企业业绩，则认为收益的质量不好。从现金流量表的角度来看，收益质量分析主要是分析会计收益与现金净流量的比率关系，其主要的财务比率是营运指数。其计算公式如下：

$$营运指数=\frac{经营现金净流量}{经营所得现金}$$

$$\begin{aligned}经营所得现金&=经营净收益+非付现费用\\&=净利润-非经营收益+非付现费用\end{aligned}$$

三、杜邦分析法

（一）杜邦分析法的概念

杜邦分析法（DuPont Analysis）是利用几种主要的财务比率之间的关系来综合地分

析企业的财务状况。具体来说，它是一种用来评价公司盈利能力和股东权益回报水平，从财务角度评价企业绩效的经典方法。其基本思想是将企业净资产收益率逐级分解为多项财务比率乘积，这样有助于深入分析和比较企业经营业绩。由于这种分析方法最早由美国杜邦公司使用，故名杜邦分析法。

（二）杜邦分析法的应用

杜邦分析法最显著的特点是将若干个用以评价企业经营效率和财务状况的比率按其内在联系有机地结合起来，形成一个完整的指标体系，并最终通过权益收益率来综合反映。

采用这一方法，可使财务比率分析的层次更清晰、条理更突出，为报表分析者全面仔细地了解企业的经营和盈利状况提供方便。杜邦分析法有助于企业管理层更加清晰地看到权益基本收益率的决定因素，以及销售净利润与总资产周转率、债务比率之间的相互关联关系，给管理层提供了一张明晰的考察公司资产管理效率和是否最大化股东投资回报的路线图。

（三）杜邦分析法的基本思路

（1）权益净利率，也称权益报酬率，是一个综合性最强的财务分析指标，是杜邦分析法的核心。

（2）资产净利率是影响权益净利率的最重要的指标，具有很强的综合性，而资产净利率又取决于销售净利率和总资产周转率的高低。总资产周转率反映总资产的周转速度。对资产周转率的分析，需要对影响资产周转的各因素进行分析，以判明影响企业资产周转的主要问题在哪里。销售净利率反映销售收入的收益水平。扩大销售收入，降低成本是提高企业销售利润率的根本途径，同时也是提高资产周转率的必要条件和途径。

（3）权益乘数表示企业的负债程度，反映了企业利用财务杠杆进行经营活动的程度。资产负债率高，权益乘数就大，说明企业负债程度高，企业会有较大的杠杆利益，但风险也高；反之，资产负债率低，权益乘数就小，说明企业负债程度低，企业会有较小的杠杆利益，但相应承担的风险也低。

（四）财务关系

$$
\begin{aligned}
\text{净资产收益率} &= \frac{\text{净利润}}{\text{年末净资产}} \times 100\% \\
&= \frac{\text{净利润}}{\text{年末总资产}} \times \frac{\text{年末总资产}}{\text{年末净资产}} \times 100\%
\end{aligned}
$$

或

$$
\begin{aligned}
&\text{净资产收益率} = \text{资产净利率} \times \text{权益乘数} \\
&= \frac{\text{净利润}}{\text{销售收入}} \times \frac{\text{销售收入}}{\text{年末总资产}} \times \frac{\text{年末总资产}}{\text{年末净资产}} \\
&= \text{销售利润率} \times \text{总资产周转率} \times \text{权益乘数}
\end{aligned}
$$

第七章 技术分析

第一节 K线理论

一、K线的画法和主要形状

（一）K线的定义

K线最早见于日本德川幕府时代大阪的米商用来记录当时一天、一周或一月米价涨跌行情的图示法，后被引入股市。阴阳代表趋势方向，阳线表示将继续上涨，阴线表示将继续下跌。实体大小代表内在动力，实体越大，上涨或下跌的趋势越明显，反之趋势则不明显。影线代表转折信号，指向某个方向的影线越长，越不利于股价向这个方向变动，即上影线越长，越不利于股价上涨，下影线越长，越不利于股价下跌。

（二）K线的画法

在一个坐标系中，一根柱状线将一个单位时间（用X轴表示时间）内的开盘价、最高价、最低价、收盘价记录下来（用Y轴表示价格）就是一根K线。K线图有直观、立体感强、携带信息量大的特点，能充分显示股价趋势的强弱、买卖双方力量均衡的变化，预测后市走向较准确，是各类传播媒介、实时分析系统应用较多的技术分析手段。K线如图7-1所示。

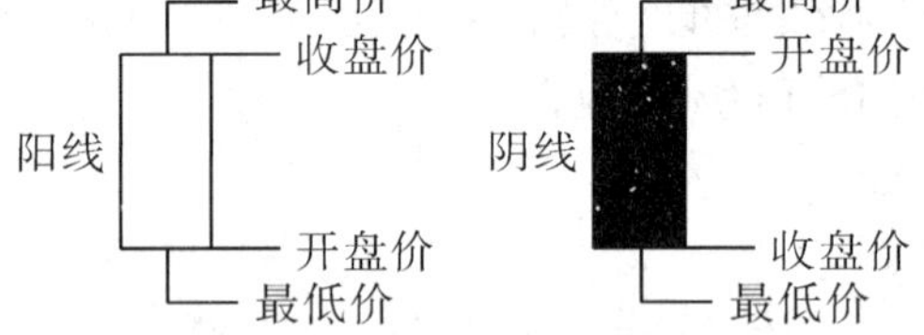

图7-1 K线

如图7-1所示，K线中涉及的四个价格分别是：开盘价、最高价、最低价和收盘价，其中收盘价最为重要。

K线是一条柱状的线条，由影线和实体组成。中间的矩形部分是实体，实体的上下端为开盘价和收盘价。实体上方的直线为上影线，上端点是最高价。实体下方的直线为下影线，下端点是最低价。

根据开盘价和收盘价的关系，K线又分为阳线和阴线，收盘价高于开盘价时为阳线（红线），收盘价低于开盘价时为阴线（蓝线）。

（三）K 线的主要形状（见图 7-2）

（1）光头阳线和光头阴线。这是没有上影线的 K 线。当收盘价或开盘价正好与最高价相等时，就会出现这种 K 线。

（2）光脚阳线和光脚阴线。这是没有下影线的 K 线。当开盘价或收盘价正好与最低价相等时，就会出现这种 K 线。

（3）光头光脚的阳线和阴线。这种 K 线既没有上影线也没有下影线。当收盘价和开盘价分别与最高价和最低价中的 1 个价格相等时，就会出现这种 K 线。

（4）十字形。当收盘价与开盘价相同时，就会出现这种 K 线，它的特点是没有实体。

（5）T 字形和倒 T 字形。当收盘价、开盘价和最高价 3 个价格相等时，就会出现 T 字形 K 线图；当收盘价、开盘价和最低价 3 个价格相等时，就会出现倒 T 字形 K 线图。它们没有实体，也没有上影线或者下影线。

（6）一字形。当收盘价、开盘价、最高价、最低价 4 个价格相等时，就会出现这种 K 线图。存在涨跌停板制度时，当 1 只股票一开盘就封死在涨跌停板上，而且整个交易日都不打开时，就会出现这种 K 线。同十字形 K 线和 T 字形 K 线一样，一字形 K 线同样没有实体。

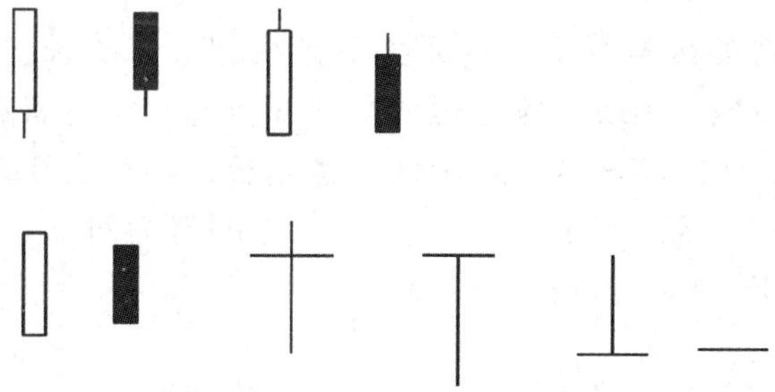

图 7-2　K 线的主要形状

二、K 线的组合分析

K 线图反映的是一段时间以来买卖双方实际争斗的结果。我们从 K 线图中可以看到买卖双方在争斗中力量的增减、风向的转变等。因此，熟悉这些 K 线组合对市场走势的分析至关重要。

1. 单根 K 线的应用

应用单根 K 线研判行情，主要从实体的长短、阴阳，上下影线的长短以及实体的长短与上下影线长短之间的关系等几个方面进行。由于 K 线的类型很多，这里仅就几种具有典型意义的单根 K 线进行分析。

（1）大阳线实体和大阴线实体。

大阳线实体，如图 7-3（左）所示，是大幅低开高收的阳线，实体很长以至于可以忽略上下影线的存在。这种 K 线说明多方已经取得了决定性胜利，这是一种涨势的信号。如果这条长阳线出现在一段盘整局面的末端，它所包含的内容将更有说服力。

大阴线实体，如图 7-3 所示，其含义正好同大阳线实体相反。这时，空方已取得优势地位，是一种跌势的信号。如果这条长阴线出现在一段上涨行情的末端，行情下跌的可能性将更大。

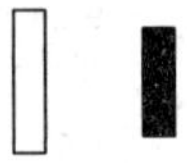

图 7-3　大阳线与大阴线实体

（2）上下影线的阳线和阴线。

如图 7-4 所示，这是两种最为普遍的 K 线形状，说明多空双方争斗很激烈。双方一度都占据优势，把价格抬到最高价或压到最低价，但是，又都被对方顽强地拉回。阳线表示到了收尾时多方才勉强占优势，阴线则表示到收尾时空方勉强占优势。

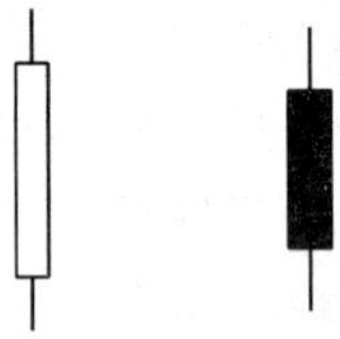

图 7-4　有上下影线的阳线和阴线

对多方与空方优势的衡量，主要依靠上下影线和实体的长度来确定。一般说来，上影线越长，下影线越短，阳线实体越短或阴线实体越长，越有利于空方占优；上影线越短，下影线越长，阴线实体越短或阳线实体越长，越有利于多方占优。我们根据上影线和下影线的比较结果，可以判断多方和空方的努力对比。上影线长于下影线，利于空方；下影线长于上影线，则利于多方。

（3）十字星。

十字星的出现表明多空双方力量暂时平衡，使市势暂时失去方向，但却是一个值得警惕、随时可能改变方向的 K 线图形。十字星分为两种，一种是大十字星，如图7-5（左）所示，它有很长的上下影线，表明多空双方争斗激烈，最后回到原处，后市往往有变化。另一种为小十字星，如图 7-5（右）所示，它的上下影线较短，表明窄幅盘整，交易清淡。

图 7-5　十字星

总之，应用一根 K 线进行分析时，多空双方力量的对比取决于影线的长短与实体的大小。一般来说，指向一个方向的影线越长，越不利于股价今后朝这个方向变动。阴线实体越长，越容易下跌；阳线实体越长，越容易上涨。另外，当上下影线相对实体较短时，可忽略影线的存在。

2. 由多根 K 线的组合推测行情

K 线组合的情况非常多，我们要综合考虑各根 K 线的阴阳、高低、上下影线的长短等。无论是两根 K 线、三根 K 线还是多根 K 线，都是以各根 K 线的相对位置和阴阳来推测行情的。我们将前一天的 K 线画出，然后将这根 K 线按数字划分成五个区域（见图 7-6）。

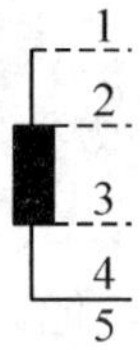

图 7-6 K 线的五个区域

对于两根 K 线的组合来说，第二天的 K 线是进行行情判断的关键。简单地说，第二天多空双方争斗的区域越高，越有利于上涨。

如图 7-6 所示，K 线区域划分利于下跌。也就是说，从区域 1 到区域 5 是多方力量减少、空方力量增加的过程。

连续两阴两阳线的情况（见图 7-7）。这是多空双方的一方已经取得决定性胜利，今后将以取胜的一方的运动方向为主要运动方向。在图 7-7 中，左图是空方获胜，右图是多方获胜。第二根 K 线实体越长，超出前一根 K 线实体越多，则取胜的一方优势越大。

图 7-7 连续两阴阳

总之，无论 K 线的组合多复杂，我们考虑问题的方式都是相同的，都是由最后一根 K 线相对于前面 K 线的位置来判断多空双方的实力大小。由于三根 K 线组合比两根 K 线组合多了一根 K 线，获得的信息就多些，因此得出的结论相对于两根 K 线组合来讲要准确些，可信度更大些。也就是说，K 线多的组合要比 K 线少的组合得出的结论可靠。

三、应用 K 线理论应注意的问题

无论是一根 K 线，还是两根、三根还是多根 K 线，都是对多空双方争斗的情况做出的描述，由它们的组合得到的结论都是相对的，不是绝对的。对股票投资者而言，结论只是起一种建议作用。

在应用时，投资者有时会发现运用不同种类的组合会得到不同的结论。有时应用一种组合得到明天会下跌的结论，但是次日股价没有下跌，反而上涨。这时的一个重要原则是尽量使用根数多的 K 线组合得到的结论，并将新的 K 线加进来重新进行分析判断。一般说来，多根 K 线组合得到的结果不大容易与事实相反。

第二节 道氏理论

一、形成过程

道氏理论是技术分析的理论基础，许多技术分析方法的基本思想都来自道氏理论。该理论的创始人是美国人查尔斯·亨利·道。为了反映市场总体趋势，他与爱德华·琼斯创立了著名的道-琼斯平均指数。他们在《华尔街日报》上发表了有关证券市场的文章。文章中的观点经后人整理，成为我们今天看到的道氏理论。

二、主要原理

（1）市场平均价格指数可以解释和反映市场的大部分行为。这是道氏理论对证券市场的重大贡献。道氏理论认为收盘价是最重要的价格，并利用收盘价计算平均价格指数。

（2）市场的三种波动趋势。

长期趋势，又称主要趋势、原始移动，一般指持续一年或多年的市场变化趋势，其间或为长期上涨的多头市场，或为长期下跌的空头市场。中期趋势，又称次要趋势、次级运动，它发生在主要趋势过程中，是长期趋势中的反动作用，即中间性的离心变化。短期趋势，又称日常波动，一般指短则数小时，长则数天的波动。短期趋势由于时间持续太短，因此它除了对一些短期投资者从事买卖活动有意义外，对中长期投资者意义不大。

（3）主要趋势的三个阶段（以上升为例）。

第一阶段是建仓（或积累）。在这一阶段，有远见的投资者知道尽管现在市场萧条，但形势即将扭转，因而就在此时购入了那些勇气和运气都不够的卖方所抛出的股票，并逐渐抬高其出价以刺激抛售。

第二阶段是一轮稳定的上涨。交易量随着企业业务的发展不断增加，同时企业的盈利开始受到关注。也正是在这一阶段，技巧娴熟的交易者往往会得到最大收益。

第三阶段为市场价格达到顶峰后出现的又一个累积期。随着公众蜂拥而上的市场高峰的出现，第三阶段来临，所有信息都令人乐观，价格惊人地上扬并不断翻开“崭新的一页”，新股不断大量上市。此时，有人可能会跃跃欲试，妄下断言“瞧瞧我知道行情要涨了，看看买哪种合适？”——但他忽略了一个事实，涨势可能持续了两年，已经够长了，现在到了该问卖掉哪种股票的时候了。在这一阶段的最后一个时期，交易量惊人地增长，而卖空也频繁地出现；垃圾股也卷入交易（低价格且不具有投资价值的股票），但越来越多的高质量股票此时拒绝追从。

（4）两种平均价格指数必须相互加强。道氏理论认为，行业平均指数和运输平均指数必须在同一方向上运动才可确认某一市场趋势的形成。

（5）趋势必须得到交易量的确认。交易量是重要的附加信息，交易量应在主要趋势的方向上放大。

（6）一个趋势形成后将持续，直到明显的反转信号出现，这是趋势分析的基础。然而，确定趋势的反转却不太容易。

三、道氏理论的应用及应注意的问题

道氏理论从来就不是用来指出应该买卖哪只股票，而是在相关收盘价的基础上确定股票市场的主要趋势，因此，道氏理论对大形势的判断有较大的作用，但对于每日每时都在发生的小波动则显得无能为力。道氏理论甚至对判断次要趋势的作用也不大。

道氏理论的另一个不足是可操作性较差。一方面，应用道氏理论得出的结论滞后于价格变化，信号太迟；另一方面，理论本身存在不足，使得一个很优秀的道氏理论分析师在进行行情判断时，也会因得到一些不明确的信号而产生困惑。

尽管道氏理论存在某些缺陷，有的内容对今天的投资者来说已过时，但它仍是许多技术分析的理论基础。近40年来，出现了很多新的技术，有相当一部分是道氏理论的延伸，这在一定程度上弥补了道氏理论的不足。

第三节　切线理论

一、支撑线和压力线

（一）支撑线和压力线的含义

支撑线又称为抵抗线，是指当股价下跌到某个价位附近时，会出现买方增加、卖方减少的情况，从而使股价停止下跌，甚至有可能回升。支撑线起阻止股价继续下跌的作用。这个起着阻止股价继续下跌的价位就是支撑线所在的位置。

压力线又称为阻力线，是指当股价上涨到某个价位附近时，会出现卖方增加、买方减少的情况，股价会停止上涨，甚至回落。压力线起阻止股价继续上升的作用。这个起着阻止股价继续上升的价位就是压力线所在的位置。

（二）支撑线和压力线的作用

支撑线和压力线的作用是阻止或暂时阻止股价朝一个方向继续运动。我们知道股价的变动是有趋势的，要维持这种趋势，保持原来的变动方向，就必须冲破阻止其继续向前的障碍。比如说，要维持下跌行情，就必须突破支撑线的阻力和干扰，创造出新的低点；要维持上升行情，就必须突破压力线的阻碍和干扰，创造出新的高点。由此可见，支撑线和压力线有被突破的可能，它们不足以长久地阻止股价保持原来的变动方向，只不过是暂时停顿而已（见图7-8）。

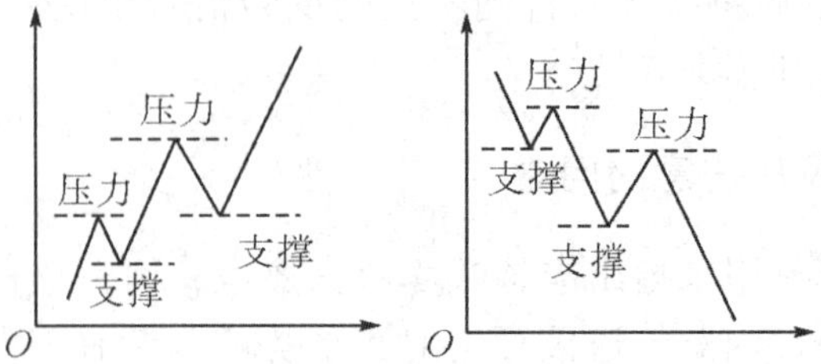

图 7-8　支撑线和压力线的作用

同时，支撑线和压力线又有彻底阻止股价按原方向变动的可能。当一个趋势终结了，它就不可能创出新的低价或新的高价，这时的支撑线和压力线就显得异常重要。

在上升趋势中，如果下一个时机未创新高，即未突破压力线，这个上升趋势就已经处在很关键的位置了，如果往后的股价又向下突破了这条上升趋势的支撑线，这就产生了上升趋势将要结束的强烈信号，股价的下一步走向是下跌。

同样，在下降趋势中，如果下一个时机未创新低，即未突破支撑线，这个下降趋势就已经处于很关键的位置；如果往后的股价又向上突破了这条下降趋势的压力线，这就产生了下降趋势将要结束的强烈信号，股价的下一步走向是上升（见图 7-9）。

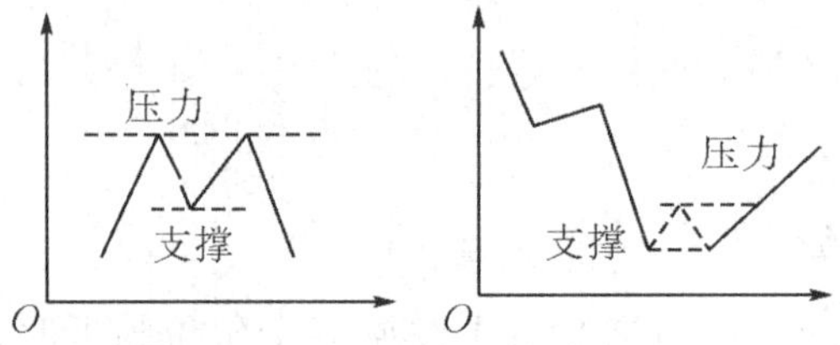

图 7-9　支撑线和压力线

（三）两者的相互转化

支撑线和压力线的相互作用和相互转化，很大程度上是受投资者心理因素方面的影响，这也是支撑线和压力线的理论依据。

证券市场中主要有 3 种人：多头、空头和旁观者。旁观者又可分为持股者和持币者。假设股价在一个区域停留了一段时间后突破压力区域开始向上移动，在此区域买入股票的多头肯定认为自己买对了，并对自己没有多买入股票而感到后悔。在该区域卖出股票的空头这时也认识到自己弄错了，他们希望股价再跌回他们卖出的区域，将他们原来卖出的股票补回来。而旁观者中的持股者的心情和多头相似，持币者的心情同空头相似。此时，这几种人都有买入股票成为多头的愿望。这样，原来的压力线就转化为支撑线。

正是由于这几种人决定要在下一个买入的时机买入，所以股价稍一回落就会受到大家的关心。这几种人会或早或晚地进入股市买入股票，这就使价格还未下降到原来的位置，上述几种人自然又会把价格推上去，使该区域成为支撑区。在该支撑区发生的交易数量越多，就说明越多的股票投资者在这个支撑区有切身利益，这个支撑区就越重要。

以上的分析过程对于压力线也同样适用，只不过结论正好相反。

可见，一条支撑线如果被突破，那么这一支撑线将成为压力线；同理，一条压力线被突破，这条压力线将成为支撑线。这说明支撑线和压力线的地位不是一成不变的，而是可以改变的，条件是它被有效的、足够强大的股价变动突破（见图 7-10）。

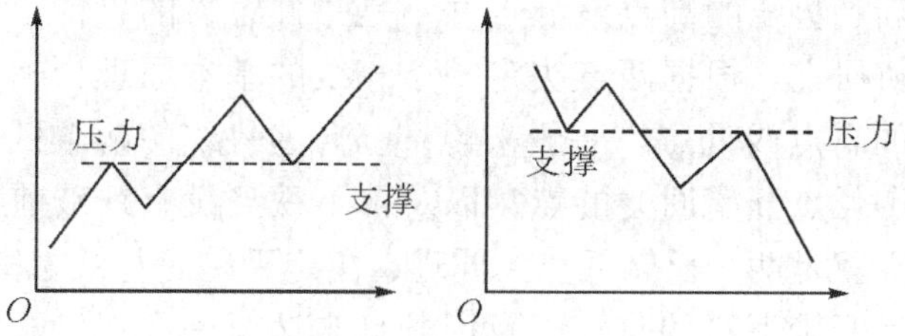

图 7-10 支撑线和压力线的转化

二、趋势线

（一）趋势线的含义

由于证券价格变化的趋势是有方向的，因此投资者可以用直线将这种趋势表示出来，这样的直线就称为趋势线。反映价格向上波动发展的趋势线称为上升趋势线；反映价格向下波动发展的趋势线则称为下降趋势线。由于股票价格的波动可分为长期趋势、中期趋势及短期趋势，因此，描述价格变动的趋势线也分为长期趋势线、中期趋势线与短期趋势线。

由于价格波动经常变化，可能由升转跌，也可能由跌转升，甚至在上升或下跌途中转换方向，因此，反映价格变动的趋势线不可能一成不变，而是要随着价格波动的实际情况进行调整。

换句话说，价格无论是上升还是下跌，在任意一个发展方向上的趋势线都不是只有一条，而是若干条。不同的趋势线反映了不同时期价格波动的实际走向，研究这些趋势线的变化方向和变化特征，就能把握住股票价格波动的方向和特征。

（二）趋势线的画法

连接一段时间内价格波动的高点或低点可画出一条趋势线。在上升趋势中，将两个低点连成一条直线，就得到上升趋势线；在下降趋势中，将两个高点连成一条直线，就得到下降趋势线，如图 7-11 中的直线 L。标准的趋势线必须由两个以上的高点或低点连接而成。

由图 7-11 可看出，上升趋势线起支撑作用，是支撑线的一种；下降趋势线起压力作用，是压力线的一种。

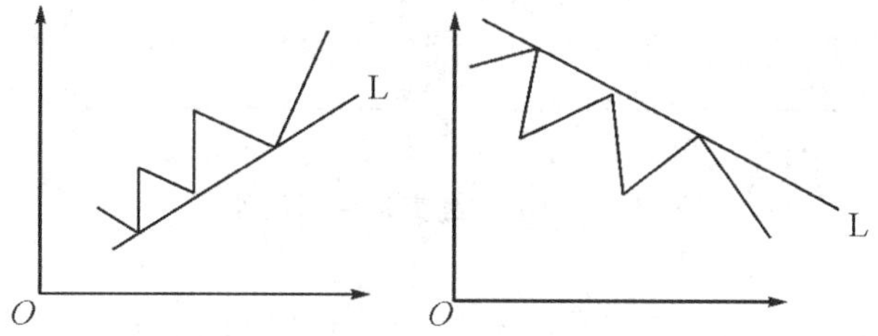

图 7-11 趋势线

虽然我们很容易画出趋势线，但这并不意味着趋势线已经被我们掌握了。画出一条直线后，有很多问题需要我们去解答，最关键的问题是正确判断趋势线的高点或低点。然而，正确判断趋势线的高点或低点并不是一件容易的事情，它需要对过去价格波动的形态进行分析研究。根据两点决定一条直线的基本原理，画任何趋势线必然选择两个有决定意义的高点或低点。一般来说，上升趋势线的两个低点，应是两个反转低点，即下跌至某一低点开始回升的点，以及再下跌且没有跌破前一低点又开始上升的点，则这两个低点就是两个反转低点。同理，决定下跌趋势线也需要两个反转高点，即上升至某一高点后开始下跌的点，以及回升且未达前一高点又开始回跌的点，则这两个高点就是反转高点。

在若干条上升趋势线和下跌趋势线中，最重要的是原始上升趋势线和原始下跌趋势线。它们决定了价格波动的基本发展趋势，有着极其重要的意义。原始趋势的最低点是由下跌行情转为上升行情之最低点，至少在一年中该点代表的价格没有再出现。

（三）趋势线的确认及其作用

一条趋势线是否真正起作用，要经多方面的验证才能最终确认，不合条件的一般应删除。首先，必须确认有趋势存在。也就是说，在上升趋势中必须确认两个依次上升的低点，在下降趋势中必须确认两个依次下降的高点，才能确认趋势的存在。其次，画出直线后，还应经过第三个点的验证才能确认这条趋势线是有效的。一般说来，所画出的直线被触及的次数越多，其作为趋势线的有效性越能得到确认，用它进行预测越准确有效。另外，这条直线延续的时间越长，其有效性越强。

一般来说，趋势线有两个作用：第一，对价格今后的变动起约束作用，使价格总保持在这条趋势线的上方（上升趋势线）或下方（下降趋势线）。实际上，趋势线就是起支撑和压力的作用。第二，趋势线被突破，说明股价下一步的走势将要反转。越重要、越有效的趋势线被突破，其转势的信号越强烈。原来起支撑和压力作用的被突破的趋势线，现在将相互转换角色（见图 7-12）。

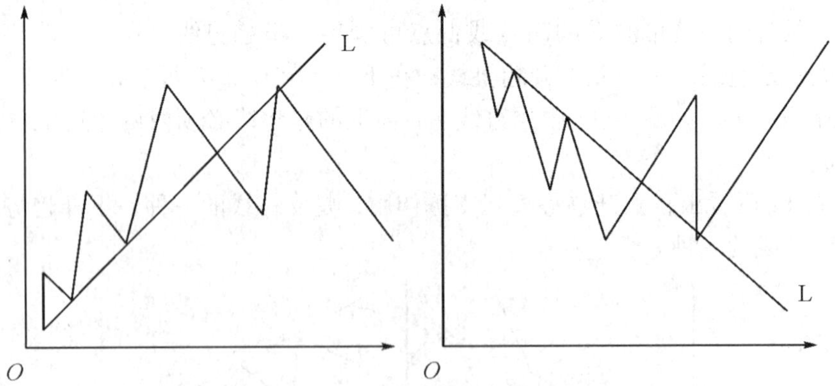

图 7-12　趋势线突破后起反作用

第四节　波浪理论

一、波浪理论的定义

波浪理论的全称是艾略特波浪理论。波浪理论以周期为基础。艾略特认为，由于证券市场是经济的晴雨表，而经济发展具有周期性，所以股价的上涨和下跌也应该遵循周期发展的规律。不过股价波动的周期规律比经济发展的周期规律要复杂得多。

每个周期都是由上升（下降）的 5 个过程和下降（上升）的 3 个过程组成。这 8 个过程完结以后，我们才能说这个周期已经结束，股价波动将进入另一个周期。新的周期仍然遵循上述模式。这是波浪理论最核心的内容，也是艾略特对波浪理论最为突出的贡献。

艾略特不仅找到了股价波动的规律，而且找到了股价波动发生的时间和位置，这是波浪理论较道氏理论更为优越的地方。

艾略特波浪理论中用到的数字 2、3、5、8、13、21、34……都来自斐波那奇数列。这个数列是波浪理论的数学基础。

二、波浪理论的主要原理

1. 波浪理论考虑的因素

波浪理论考虑的因素主要有三个方面：第一，股价走势形成的形态；第二，股价走势图中高点和低点所处的相对位置；第三，完成某个形态经历的时间。三个方面中，股价的形态是最重要的，它是指波浪的形状和构造，是波浪理论赖以生存的基础。

高点和低点所处的相对位置是波浪理论中各个波浪的开始和结束位置。通过计算这些位置，我们可以弄清楚各个波浪之间的相互关系，确定股价的回撤点和将来股价可能达到的位置。完成某个形态经历的时间可以让我们预先知道某个大趋势的即将来临。波浪理论中各个波浪之间在时间上是相互联系的，我们用时间可以验证某个波浪形态是否已经形成。

以上三个方面可以简单地概括为：形态、比例和时间。这三个方面是我们应用波浪理论首先应考虑的，其中又以形态最为重要。

2. 波浪理论价格走势的基本形态结构

艾略特认为证券市场应该遵循一定的周期，周而复始地向前发展。股价的上下波动也是按照某种规律进行的。通过多年的实践，艾略特发现每个周期（无论是上升还是下降）可以分成 8 个小的过程，这 8 个小过程一结束，一次大的行动就结束了，紧接着的是另一次大的行动。现以上升为例说明这 8 个小过程。波浪理论价格走势的基本形态结构，如图 7-13 所示。

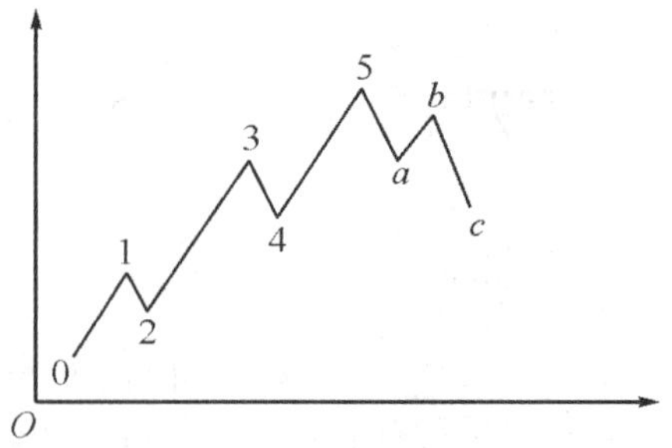

图 7-13　波浪理论价格走势的基本形态图

三、波浪理论的应用及应注意的问题

1. 波浪理论的应用

投资者要明白股价当前所处的位置，才能有效按照波浪理论指明的各浪数目预测下一步走势；认真、准确地识别 3 浪结构和 5 浪结构最重要，因为其预测作用不同。

应用波浪理论时应注意：波浪理论的自身构造有很多不足之处，我们不能机械、教条地应用该理论。

2. 波浪理论的不足

波浪理论最大的不足是应用上的困难，也就是学习上和掌握上的困难。波浪理论从理论上讲是 8 浪结构形成一个完整的过程，但是，主浪的变形和调整浪的变形会产生复杂多变的形态，波浪所处的层次又会产生大浪套小浪、浪中有浪的多层次形态，导致应用时容易产生偏差。浪的层次确定和起始点确定是应用波浪理论的两大难点。第二个不足是，面对同一个形态，不同的人会使用不同的数法，而且都有道理，谁也说服不了谁。

第五节　量价关系理论

量价关系是股票市场用语。量，指的是一只股票的单位时间的成交量，有日成交量、月成交量、年成交量等；价，指的是一只股票的价格，以收盘价为准，还有开盘价、最高价、最低价。股票价格的涨跌与其成交量之间存在一定的内在关系。投资者可通过分析此关系，判断形势，买卖股票。在技术分析中，量与价的关系占据了极重要的地位。成交量是推动股价上涨的原动力，量是价的先行指标。

一、成交量与股价趋势——葛兰碧九大法则

（1）价格随着成交量的递增而上涨，为市场行情的正常特性，此种量增价升的关系，表示股价将继续上升。

（2）在一个波段的涨势中，股价随着递增的成交量而上涨，突破前一波的高峰，创造新高价，继续上扬。然而，此波段股价虽然上涨，整个成交量却少于前一个波段

的成交量。此时股价创出新高，但成交量却没有突破，则此波段的股价涨势令人怀疑，同时也说明股价趋势有潜在反转的信号。

（3）股价随着成交量的递减而回升，股价上涨，成交量却逐渐萎缩。成交量是股价上升的原动力，原动力不足表明股价趋势有潜在的反转信号。

（4）有时股价随着缓慢递增的成交量而逐渐上升，渐渐地，走势突然成为垂直上升的喷发行情，成交量急剧增加，股价跃升暴涨；紧随着此波走势而来的是成交量大幅减少，同时股价急速下跌。这表明涨势已到末期，上升乏力，趋势有反转的迹象。反转的意义，将视前一波股价上涨幅度的大小及成交量增加的程度而定。

（5）股价走势因成交量的递增而上升，是十分正常的现象，并无特别暗示趋势反转的信号。

（6）在一个波段长期下跌形成谷底后，股价回升，成交量并没有随股价上升而递增，股价上涨欲振乏力，然后再度跌落至原先谷底附近，或高于谷底。当第二谷底的成交量低于第一谷底时，表明股价将要上升。

（7）股价往下跌落一段相当长的时间，市场出现恐慌性抛售，此时随着成交量的日益放大，股价大幅度下跌。继恐慌性抛售之后，预期股价可能上涨，同时恐慌性抛售所创的低价，不可能在极短的时间内被突破。因此，恐慌性抛售之后，往往是空头市场的结束。

（8）股价下跌，向下突破股价形态、趋势线或移动平均线，同时出现了巨大成交量，是股价下跌的信号，明确表示出下跌的趋势。

（9）当市场行情持续上涨数月后，出现急剧增加的成交量，而股价却上涨无力，此为股价下跌的先兆。股价连续下跌后，在低位区域出现巨大成交量，而股价却没有进一步下跌，仅出现小幅波动，此即表示进货，通常是上涨的前兆。

二、涨跌停板制度下量价关系分析

在涨跌停板制度下，大涨（涨停）和大跌（跌停）的趋势的持续是以成交量大幅萎缩为条件的。

在涨跌停板制度下，若跌停，买方寄希望于第二天以更低价格买入，因而缩量，结果在缺少买盘的情况下成交量小，跌势反而不止；反之，如果收盘仍为跌停，但中途曾被打开，成交量放大，说明有主动性买盘介入，跌势有望止住，盘升有望。

在涨跌停板制度下，量价关系有变化时，市场基本判断如下：

（1）涨停量小，将继续上扬；跌停量小，将继续下跌。

（2）涨停中途被打开的次数越多、时间越久，成交量越大，反转下跌的可能性越大；同样，跌停中途被打开的次数越多、时间越久、成交量越大，则反转上升的可能性越大。

（3）涨停或跌停关门的时间越早，次日继续原来方向的可能性越大。

（4）封住涨停板的买盘数量大小和封住跌停板的卖盘数量大小说明买卖盘力量大小。这个数量越大，继续当前走势的概率越大，后续涨跌幅度也越大。

不过，要注意庄家借涨停板制度反向操作。比如，庄家想卖，先以巨量买单挂在涨停位，因买盘量大集中，抛盘措手不及而惜售，股价少量成交后收涨停。此时，原先想抛的就不抛了，有些投资者以涨停价追买，而庄家撤走买单，填卖单，自然成交。

如果股市存在频繁挂单、撤单，涨跌停中途经常被打开，当日成交量很大的现象，那么股市很有可能被庄家操纵；反之则不是。

第六节　技术指标法分析

一、移动平均线（MA）

1. 移动平均线（MA）的定义

移动平均线（MA）是指用统计分析的方法，将一定时期内的证券价格（指数）加以平均，并把不同时间的平均值连接起来，形成一根线，用以观察证券价格变动趋势的技术指标。

2. 移动平均线（MA）的计算公式

移动平均线可分为算术移动平均线（SMA）、加权移动平均线（WMA）和指数平滑移动平均线（EMA）。在实际应用中常使用的是指数平滑移动平均线（EMA），其计算公式为

$$\mathrm{EMA}_t(N) = C_t \times \frac{1}{N} + EMA_{t-1} \times \frac{N-1}{N}$$

式中：C_t——计算期中第 t 日的收盘价。

EMA_{t-1}——第 $t-1$ 日的指数平滑移动平均数。

起点的移动平均值可用起点的收盘价代替。

根据计算期的长短，MA 又可分为短期移动平均线、中期移动平均线和长期移动平均线。以 5 日、10 日线观察证券市场的短期走势，称为短期移动平均线；以 30 日、60 日线观察中期走势，称为中期移动平均线；以 13 周、26 周研判长期趋势，称为长期移动平均线。西方投资机构重视 200 天的长期移动平均线，并以此作为长期投资的依据：若行情在 200 天均线以下，属空头市场；反之，为多头市场。

一般把短期移动平均线称为快速 MA，长期移动平均线称为慢速 MA。

3. 移动平均线（MA）的应用法则

（1）“黄金交叉”与“死亡交叉”。

当现在的行情价站稳在长期 MA 与短期 MA 之上，短期 MA 向上突破长期 MA 时，为买进信号，此种交叉称为“黄金交叉”；反之，若现在的行情价位于长期 MA 与短期 MA 之下，短期 MA 又向下突破长期 MA 时，则为卖出信号，此种交叉称为“死亡交叉”。其原理类似于突破压力线或支撑线。

（2）长期、中期、短期移动平均线的组合使用。

我们可从两个方面来分析、研判：

①方向一致的情况。在空头市场中，经过长时间的下跌，股价与 10 日短期移动平

均线、50 日中期移动平均线、250 日长期移动平均线的排列关系如下：从下到上依次为股价、10 日短期移动平均线、50 日中期移动平均线和 250 日长期移动均线。若股市出现转机，股价开始回升，10 日短期移动平均线是反应最敏感的，最先跟着股价从下跌转为上升；随着股价继续攀升，50 日中期移动平均线才开始转为向上方移动；250 日长期移动平均线的方向改变，则意味股市的基本趋势的转变，多头市场来临。

②方向不一致的情况。当股价开始整理盘旋后，短期移动平均线、中期移动平均线很容易与股价缠绕在一起，不能正确指明运动方向。另一种不协调的现象是中期移动平均线向上移动，股价和短期移动平均线向下移动，这表明股市上升趋势并未改变，暂时出现回档调整现象。只有当股价和短期移动平均线相继跌破中期移动均线，并且中期移动均线亦有向下反转之迹象时，上升趋势才会改变。

4. 移动平均线（MA）的盲点

在盘整阶段或趋势形成后、中途休整阶段以及局部反弹或回落阶段，MA 极易发出错误的信号，这是投资者使用 MA 时最应该注意的。另外，MA 只是作为支撑线和压力线站在某线之上，虽然有利于上涨，但并不是说就一定会涨，支撑线也有被突破的时候。

二、指数平滑异同移动平均线（MACD）

1. 指数平滑异同移动平均线（MACD）的定义

指数平滑异同移动平均线是以快速移动平均线及慢速移动平均线的交叉换位、合并分离的特性来分析、研究股市中、长期趋势的指标。其英文简称是 MACD。

MACD 是由正负差（DIF）和异同平均数（DEA）组成，DIF 是核心，DEA 是辅助。

DIF 是快速平滑移动平均线与慢速平滑移动平均线的差值。一般取 12 日和 26 日的 EMA 分别作为快速移动平均线和慢速移动平均线，两者的差值为 DIF（离差值），其是研判行情的基础。

2. MACD 的计算公式

DEA 是 DIF 的平滑移动平均数，一般取 9 日移动平均线。公式如下：

$$\text{今日 EMA}(12) = \frac{2}{12+1} \times \text{今日收盘价} + \frac{11}{12+1} \times \text{昨日 EMA}(12)$$

$$\text{今日 EMA}(26) = \frac{2}{26+1} \times \text{今日收盘价} + \frac{25}{26+1} \times \text{昨日 EMA}(26)$$

$$\text{DIF} = \text{EMA}(12) - \text{EMA}(26)$$

$$\text{今日 DEA(MACD)} = \frac{2}{10} \times \text{今日 DIF} + \frac{8}{10} \times \text{昨日 DEA}$$

理论上，在持续的涨势中，DIF 会愈来愈大；反之，在持续的跌势中，DIF 可能变负，其绝对值也愈来愈大。MACD 是利用正负离差值与离差值的 9 日移动平均线的交叉信号作为买卖行为的依据。

分析软件上还有个指标叫柱状线（BAR），柱状线 $BAR = 2 \times (\text{DIF} - \text{DEA})$。

3. MACD 的应用法则

第一，用 DIF 和 DEA 的取值和这两者之间的相对取值对行情进行预测。其应用法则是：

①DIF 和 DEA 均为正值时，属多头市场。DIF 向上突破 DEA 是买入信号。

②DIF 和 DEA 均为负值时，属空头市场。DIF 向下突破 DEA 是卖出信号。

③当 DIF 向下跌破零轴线，为卖出信号。当 DIF 向上突破零轴线，为买入信号。

第二，指标背离原则。

①顶背离：当股价指数逐波升高，而 DIF 及 MACD 不是同步上升，而是逐波下降，与股价走势形成顶背离，预示着股价即将下跌。如果此时出现 DIF 两次由上向下穿过 MACD，形成两次“死亡交叉”，则股价即将大幅下跌。

②底背离：当股价指数逐波下行，而 DIF 及 MACD 不是同步下降，而是逐波上升，与股价走势形成底背离，预示着股价即将上涨。如果此时出现 DIF 两次由下向上穿过 MACD，形成两次“黄金交叉”，则股价即将大幅上涨。

三、相对强弱指标（RSI）

1. 相对强弱（RSI）指标的定义

RSI 以一定时期内股价的变动情况推测价格未来的变动方向，并根据股价涨跌幅度显示市场的强弱。

2. RSI 的计算公式

A 表示 n 日内价格向上的波动总量，B 代表向下波动的总量，$A+B$ 表示价格总的波动量。RSI 实际上是表示向上波动的总量在总的波动量中所占的百分比。如果其占的比例大就是强市，否则就是弱市。

第一步，计算价差。得到包括当天在内的连续 $n+1$ 个交易日的收盘价，以每个交易日收盘价减去上一个交易日收盘价就得到 n 个数字。这 n 个数字中有正也有负。

第二步，计算总上升波动 A、总下降波动 B 和总波动 $A+B$。A 等于 n 个价差数字中正数之和，B 等于 n 个价差数字中负数之和再乘以（−1）。这样，A 和 B 都是正数。

第三步，计算 RSI。

$$\mathrm{RSI}(n) = \frac{A}{A + B} \times 100$$

式中：A——n 日中股价向上波动的大小。

B——n 日中股价向下波动的大小。

$A+B$——股价总的波动大小。

RSI 的参数是天数 n，一般取 5 日、9 日、14 日等。RSI 的取值范围在 0～100。

3. RSI 的应用法则

投资者应根据 RSI 取值的大小判断行情。将 100 分成四个区域，根据 RSI 取值的对应的区域进行操作，详见表 7-1。

表 7-1 RSI 取值的大小及投资操作表

RSI 值	市场特征	投资操作
80~100	极强	卖出
50~80	强	买入
20~50	弱	卖出
0~20	极弱	买入

“极强”与“强”的分界线和“极弱”与“弱”的分界线是不明确的，它们实际上是一个区域。比如，可以取 30、70，也可以取 15、85。应该说明的是，分界线位置的确定与 RSI 的参数和选择的股票有关。一般而言，参数越大，分界线离 50 越近；股票越活跃，RSI 能达到的高度越高，分界线离 50 越远。

（1）两条或多条 RSI 曲线的联合使用。

我们称参数小的 RSI 为短期 RSI，参数大的 RSI 为长期 RSI。两条或多条 RSI 曲线的联合使用法则与两条移动平均线的使用法则相同，即短期 RSI 大于长期 RSI，应属多头市场；短期 RSI 小于长期 RSI，则属空头市场。

（2）从 RSI 的曲线形状判断行情。

RSI 在较高或较低的位置形成头肩形和多重顶（底），是采取行动的信号。这些形态一定要出现在较高位置和较低位置，离 50 越远，结论越可靠。

（3）从 RSI 与股价的背离方面判断行情。

RSI 处于高位并形成一峰比一峰低的两个峰，股价对应的却是一峰比一峰高的两个峰，此时为顶背离，这是比较强烈的卖出信号。与此相反的是底背离：RSI 在低位形成两个底部抬高的谷底，而股价还在下降，这是可以买入的信号。

四、随机（KDJ）指标

1. 随机（KDJ）指标的定义

KDJ 指标的中文名称又叫随机指标，最早起源于期货市场，由乔治·莱恩（George Lane）首创。随机指标（KDJ）最早是以 KD 指标的形式出现的，而 KD 指标是在威廉指标的基础上发展起来的。不过 KD 指标只判断股票的超买超卖的现象，KDJ 指标则融合了移动平均线速度上的观念，形成比较准确的买卖信号依据。在实践中，投资者将 K 线与 D 线配合 J 线组成 KDJ 指标来使用。KDJ 指标在设计过程中主要是研究最高价、最低价和收盘价之间的关系，同时也融合了动量观念、强弱指标和移动平均线的一些优点。因此，投资者运用 KDJ 指标能够比较迅速、快捷、直观地研判行情，KDJ 指标被广泛用于股市的中短期趋势分析，是期货和股票市场上最常用的技术分析工具。

2. KDJ 指标的计算公式

KDJ 指标的计算公式如下：

$$\mathrm{RSV}(n)=\frac{C_t-L_t}{H_n-L_n}$$

C_t 是当天收盘价，H_n 和 L_n 是最近 n 日内（包括当天）的最高价和最低价。N 是时间参数，一般为 14 日或 21 日。

3. KDJ 指标应用法则

KDJ 指标是三条曲线，投资者在应用时主要从五个方面进行考虑：KD 取值的绝对数字，KD 曲线的形态，KD 指标的交叉，KD 指标的背离和 J 指标的取值大小。

第一，从 KD 的取值方面考虑。KD 的取值范围是 0~100，其可被划分为几个区域：超买区、超卖区、徘徊区。按一般的划分法，80 以上为超买区，20 以下为超卖区，其余为徘徊区。

根据这种划分，KD 超过 80 就应该考虑卖出，低于 20 就应该考虑买入。这种操作是很简单的，同时又是很容易出错的，完全按这种方法进行操作很容易招致损失。大多数对 KD 指标了解不深入的人，以为 KD 指标的操作就仅限于此，故而对 KD 指标的作用产生误解。应该说明的是，上述对 0~100 的划分只是应用 KD 指标的初步过程，仅仅是信号。

第二，从 KD 曲线的形态方面考虑。KD 指标在较高或较低的位置形成了头肩形和多重顶（底），是采取行动的信号。值得注意的是，这些形态一定要在较高位置或较低位置出现，位置越高或越低，结论越可靠，越准确。操作时可按形态学方面的原则进行。

对于 KD 指标，我们也可以画趋势线，以明确 KD 的趋势。在 KD 的曲线图中，我们仍然可以引入支撑线和压力线的概念。某一条支撑线或压力线被突破，也是采取行动的信号。

第三，从 KD 指标的交叉方面考虑。K 与 D 的关系就如同股价与 MA 的关系，也有“死亡交叉”和“黄金交叉”的问题，不过这里的交叉应用是很复杂的，还附带很多其他条件。

下面以 K 从下向上与 D 交叉为例进行介绍。

K 上穿 D 是“金叉”，为买入信号，这是正确的。但是出现了“金叉”是否应该买入，还要看别的条件：

第一个条件是“金叉”的位置应该比较低，是在超卖区，且位置越低越好。

第二个条件是与 D 相交的次数。有时在低位，K、D 要来回交叉好几次。交叉的次数以 2 次为最少，越多越好。

第三个条件是交叉点相对于 KD 线处于低点的位置。这就需要运用右侧相交原则，即 K 是在 D 已经抬头向上时才同 D 相交，比 D 在下降时与之相交要可靠得多。换句话说，右侧相交比左侧相交好。

满足了上述条件，买入就放心一些。少满足一条，买入的风险就多一些。但是，如果要求每个条件都满足，尽管比较安全，但也会错过很多机会。

对于 K 从上向下穿破 D 的死叉，也有类似的结果，读者不妨自己试试，这里就不重复了。

第四，从 KD 指标的背离方面考虑。简单地说，背离就是走势的不一致。KD 处在高位或低位，如果出现与股价走向的背离，则是采取行动的信号。KD 处在高位，并形成一峰比一峰低的两个峰，而此时股价还在一个劲地上涨，这叫顶背离，是卖出的信号；与之相反，KD 处在低位，并形成一底比一底高的两个谷底，而股价还在继续下跌，这构成底背离，是买入的信号。

第五，J 指标的取值超过 100 和低于 0，都属于非正常。大于 100 为超买，小于 0 为超卖。

五、威廉指标（WMS 指标）

1. 威廉指标（WMS 指标）的定义

威廉指标（WMS 指标）起源于期货市场，简记为 WMS%R 或%R，是由拉里·威廉斯（Larry Williams）于 1973 年首创的。它是通过分析一段时间内股价高低价位与收盘价的关系，来度量股市的超买或超卖状态，并以此作为短期内投资信号的一种技术指标。

2. WMS 的计算公式

$$\mathrm{WMS}(n)=\frac{H_n-C_t}{H_n-L_n}\times 100$$

C_t 是当天收盘价，H_n 和 Ln 是最近 n 日内（包括当天）的最高价和最低价。N 是时间参数，一般为 14 日或 21 日。

WMS 指标含义：表示当天的收盘价在过去一段时日全部价格范围内所处的相对位置。如果 WMS 指标的值较小，则当天的价格就处于相对较高的位置，要当心回落；相反，就要注意反弹。WMS 指标的取值范围是 0~100。

WMS 指标参数 n 的选择至少是循环周期的一半，但中国股市对循环周期尚无明确的共识，因此投资者应多选几个参数尝试。

3. 威廉指标的应用法则

应用威廉指标从两方面考虑：

一是 WMS 指标的数值大小。

当 WMS 指标的数值高于 80 时，处于超卖状态，行情即将见底，应当考虑买进。

当 WMS 指标的数值低于 20 时，处于超买状态，行情即将见顶，应当考虑卖出。

盘整过程中，WMS 指标的准确性较高；在上升或下降趋势中，投资者不能只以其作为行情判断的依据。

二是 WMS 指标曲线的形状。

这里介绍背离原则以及撞顶和撞底次数的原则。

①在 WMS 指标进入低数值区位后（此时为超买），一般要回头。如果这时股价还继续上升，就会产生背离，是卖出的信号。

②在 WMS 指标进入高数值区位后（此时为超卖），一般要反弹。如果这时股价还继续下降，就会产生背离，是买进的信号。

③WMS 指标连续几次撞顶（底），局部形成双重或多重顶（底），则是卖出（买进）的信号。

WMS 指标的顶部数值为 0，底部数值为 100。

六、乖离率（BIAS）指标

1. 乖离率（BIAS）指标的定义

BIAS 指标是测算股价与移动平均线偏离程度的指标。其基本原理是：如果股价偏离移动平均线太远，不管是在移动平均线上方或下方，都有向移动平均线回归的要求。

2. BIAS 的计算公式

$$BIAS(n)=\frac{C_t - MA(n)}{MA(n)}\times 100\%$$

C_t 是当天收盘价，MA(n) 是 n 的移动平均数；n 是 BIAS 的参数。

分子为股价（收盘价）与移动平均价的绝对距离，可正可负，除以分母后，就是相对距离。

3. BIAS 的应用法则

①从 BIAS 的取值大小和正负考虑。一般来说，正的乖离率愈大，表示短期多头的获利愈大，获利回吐的可能性愈高；负的乖离率愈大，则空头回补的可能性也愈高。

对于综合指数：BIAS（10）>30%为抛出时机，BIAS（10）<-10%为买入时机。

对于个股：BIAS（10）>35%为抛出时机，BIA（10）<-15%为买入时机。详见表7-2。

表 7-2　BIAS 的取值

	买入信号（%）	卖出信号（%）
5 日	-3	3. 5
10 日	-4	5
20 日	-7	8
60 日	-10	10

②从 BIAS 的曲线形状方面考虑。形态学和切线理论在 BIAS 也适用，主要是顶背离是卖出股票信号和底背离是买入股票信号的原理。

③从两条 BIAS 线结合方面考虑。短期 BIAS 在高位下穿长期 BIAS 是卖出信号；短期 BIAS 在低位上穿长期 BIAS 是买入信号。

七、心理线（PSY）指标

1. 心理线（PSY）指标的定义

心理线（PSY）指标是研究投资者对股市涨跌产生心理波动的情绪指标。它对股市短期走势的研判具有一定的参考意义。

心理线（PSY）指标将一定时期内投资者趋向买方或卖方的心理事实转化为数值，从而判断股价的未来趋势。

2. PSY 的计算公式

$$\mathrm{PSY(N)} = \frac{A}{N} \times 100\%$$

式中：N 是天数，是 PSY 的参数；A 表示 N 天之中股价上涨的天数，以收盘价为准。在实际应用中，N 一般为 12 日，若其中 3 天上涨，9 天下跌，则 PSY 的取值为 25。

PSY 的取值范围是 0～100，以 50 为中心，50 以上是多头市场，50 以下是空头市场。

3. PSY 的应用法则

PSY（N）的取值在 25～75，说明多空双方基本处于均衡状态。如果 PSY(N）的取值超出了这个范围，则是超卖或超买。

PSY（N）的取值过高或过低，都是行动的信号。一般来说，如果出现 PSY(N）<10 或 PSY(N）>90 这两种极端情况，则是强烈的买入和卖出信号。

PSY(N）的取值第一次进入采取行动的区域时，往往容易出错。一般都要求 PSY(N)进入高位或低位两次以上才能采取行动。

PSY 的曲线如果在低位或高位出现大的 W 底或 M 头，也是买入或卖出的行动信号。

PSY 一般可同股价曲线配合使用，这时，前面讲到的背离原则在 PSY 中也同样适用。

八、能量潮（OBV）指标

1. 能量潮（OBV）指标的定义

OBV 即平衡交易量，人们更多地称其为能量潮，它是葛兰威尔在 20 世纪 60 年代提出来的。OBV 指标的理论基础是市场价格的有效变动必须有成交量配合，量是价的先行指标。利用 OBV 指标可以验证当前股价走势的可靠性，并可以得到趋势可能反转的信号。比起单独使用成交量来，OBV 指标看得更清楚。

2. OBV 指标的计算公式

假设已经知道了上一个交易日的 OBV，则：今日 OBV＝昨日 OBV+sgn×今天的成交量。

其中，sgn 是符号函数，其数值由下式决定：

sng＝+1，今日收盘价≥昨日收盘价，成交量计入多方。

sng＝−1，今日收盘价<昨日收盘价，成交量计入空方。

成交量指的是成交股票的手数，不是成交金额。

初始值可自行确定，一般用第一日的成交量代替。

3. OBV 指标的应用法则和注意事项

（1）OBV 指标不能单独使用，必须与股价曲线结合使用才能发挥作用。

（2）OBV 指标的变化是对当前股价变化趋势的确认。

当股价上升（下降），而 OBV 曲线也相应上升（下降）时，则可确认当前的上升（下降）趋势。

当股价上升（下降），但 OBV 指标并未相应上升（下降），出现背离现象时，对目前上升（下降）趋势的认定程度则要大打折扣。OBV 指标可以提前告诉我们趋势的后劲不足，有反转的可能。

（3）形态学和切线理论的内容也同样适用于 OBV 指标。

在股价进入盘整后，OBV 指标会率先显露出脱离盘局整理的信号，向上或向下突破，且成功率较大。

OBV 指标是预测股市短期波动的重要判断指标，能帮助投资者确定股市突破盘整后的发展方向；而且 OBV 指标的走势可以局部显示出市场内部主要资金的流向，有利于提示投资者市场内的多空倾向。

实验操作篇

第八章　证券交易软件操作流程实验

第一节　证券交易软件基本操作

一、实验目的

在我国证券市场蓬勃发展的过程中，很多证券公司推出了证券交易软件，如钱龙、胜龙、指南证、通达信、大智慧、同花顺、证券之星等。尽管证券交易软件有很多，但证券交易软件的操作基本相同。

本章的实验目的是让学生通过对证券交易软件操作的练习，了解证券交易软件的功能模块的构成，了解证券市场的行情资讯和交易系统，掌握证券交易流程，掌握证券交易操作方法及交易技能。

二、实验要求

学习利用网上的相应资讯，使用证券交易软件，熟悉证券交易软件的基本功能，熟练掌握证券交易软件的使用和操作技能，熟练运用证券交易软件进行分析。

三、实验原理

运用证券交易软件的基本功能，掌握基本操作方法，熟悉证券交易软件的基本操作及掌握股票交易技能。

四、实验学时

实训学时数一共 2 学时，学时分布情况：教师讲授占 5%，案例分析占 25%，学生项目设计占 70%。

五、实验步骤

（1）注册或登录“大智慧”证券交易软件，或其他证券公司（如中银国际证券）的证券交易软件，如图 8-1 所示。

图 8-1 “大智慧”的注册/登录界面

输入手机号码，并设置密码就可以注册“大智慧”证券交易软件，当然也可以注册其他的证券公司的证券交易软件，如中银国际证券，如图 8-2 所示。

图 8-2 中银国际证券登录界面

（2）进入页面后可以看到系统、功能、报价、分析、扩展行情等，以及股票的股票代码、名称等，点击相应的标识可以看到具体的情况。图 8-3 展示了鸿合科技的详细情况。

（3）直接输入代码 002955 鸿合科技，点击鸿合科技的股票趋势图，点击自选，加入自选股股票。

（4）把鼠标放在交易系统顶端，会出现这只股票的“分时”“K 线”“多股”“多日”等功能键。

（5）点击股票的“日线”，会出现股票每天的股价走势，股票的市盈率、换手率，交易情况等信息。黄色实线表示每分钟成交量；白色线表示时分走势，黄色线表示移动平均线。

（6）直接输入股票代码，找到相应的股票信息：

03/F3——上证综合指数。

图 8-3　鸿合科技（002955）的详细情况

04/F4——深证成分股指数。

05/F5——走势图/K 线切换。

06/F6——自选股。

10/F10——股票的基本资料（最新指标、财务透视、主营构成、行业新闻、资本运作、公司公告、公司概况等）。

60——全部 A 股涨幅排名。

61——上证 A 股涨幅排名。

63——深证 A 股涨幅排名。

上证综合指数如图 8-4 所示。

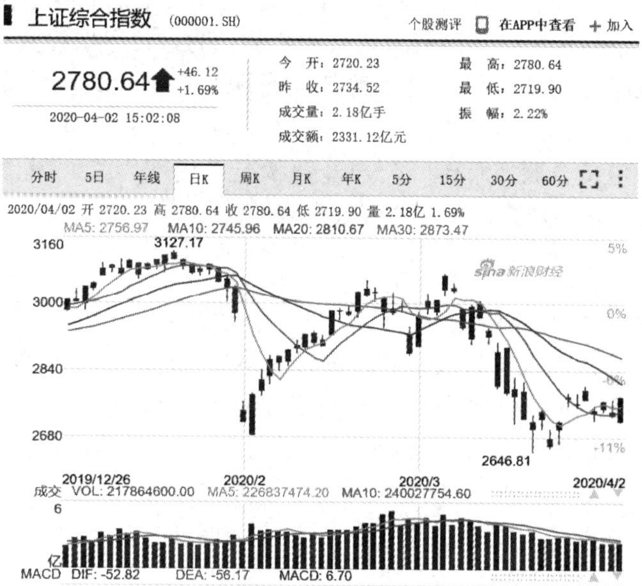

图 8-4　上证综合指数

（7）在鸿合科技页面，输入 F10 查看股票基本资料，如图 8-5 所示。

图 8-5 鸿合科技（002955）基本资料

六、实验分析及结论

（一）实验分析

学生可以分析股票的相关指标，如每股收益、每股净资产、净利润同比增长、净资产收益率、市盈率、外盘、换手率等，并综合分析股票的行情，还可以通过分时、均线、K 线观察股票的走势，预测股价未来的趋势，为进行股票投资提供依据。

学生在做预测的时候，不仅需要了解各项指标的具体含义及计算公式，而且要注意选择具有代表性的指标进行分析。

此外，学生还应结合股票行情、公司经营状况（内部因素）及国家宏观经济环境（外部因素）等指标进行分析，以达到有效预测的目的。

（二）实验结论

进入证券交易软件（如中银国际证券）会出现很多上市交易的股票，学生可以选择自己想了解的股票，进入单只股票界面查看股票行情走势、交易情况、企业信息等。

学生也可以在主页上通过涨跌幅、现价等指标对股票进行比较。学生在网上进行股票交易买卖需要掌握基本的知识和操作流程，以免在操作时出现错误从而影响交易的进行。

通过证券交易软件基本操作，学生能够熟练掌握证券交易软件的使用和操作，能够熟练运用证券交易软件进行分析。

第二节　证券交易软件操作案例

《证券投资分析》实验报告（一）

学生姓名：邓淋月　　　　指导教师：唐平

实验项目名称：证券交易软件的基本操作方法、流程及技能

一、实验目的

通过对证券交易软件操作的练习，了解证券交易软件的功能模块的构成，了解证券市场的行情资讯和交易系统，熟悉股票交易流程、股票操作方法及掌握股票交易技能。

二、实验要求

学习利用网上的相应资讯，使用证券交易软件，熟悉证券交易软件的基本功能，熟练掌握证券交易软件的使用和操作技能，熟练运用证券交易软件进行分析和交易。

三、实验步骤

（1）登录“大智慧”证券交易软件，或打开中银国际证券证券交易软件。

（2）进入页面后可以看到“市场总览”“股票”“基金”“外汇”“黄金”等，点击可以查看详情。

（3）输入代码 600597（光明乳业），选择光明乳业进行基本操作。

（4）将光明乳业这只股票加入自选股。

（5）进入光明乳业的页面后可以看到成交量，成交额、振幅、换手率、市净率、市盈率、总市值、开盘价、收盘价等，还可以看到 K 线，如图 8-6 所示。

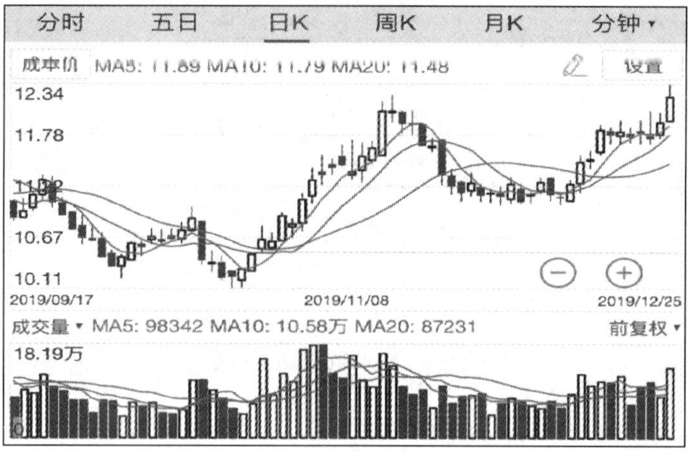

图 8-6　光明乳业界面

市盈率又称价格收益或本益比，是每股价格与每股收益之间的比率。如果能分别估计出股票的市盈率和每股收益，就可以估计出股票价格。

市净率又称净资产倍率，是每股市场价格与每股净资产之间的比率。

（6）输入 05 或者 04 查看走势图或深证成分股指数。黄色实线表示每分钟成交量；白色线表示时分走势，黄色线表示移动平均线。如图 8-7 所示。

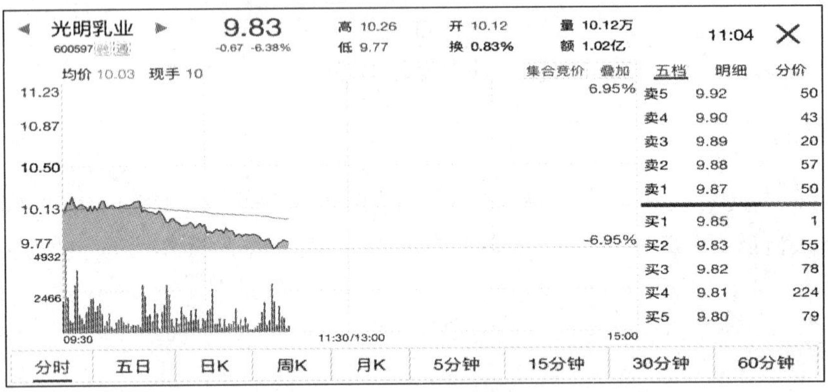

图 8-7　光明乳业报价

（7）输入 F10 查看股票基本信息，如图 8-8 所示。

图 8-8　光明乳业基本信息

四、实验分析及结论

进入中银国际证券交易软件后，投资者可以查看股票的走势、行情，具体某一只股票的涨跌额、涨跌幅、开盘价、收盘价、最高价、最低价、成交量、换手率、市盈率、市净率等相关的具体资料，也可以看到K线图、分时走势图等股票价格走势图表，可以据此分析股票行情，综合考虑各种因素，分析所选股票的大致走向，分析股票的投资价值。

在分析股票走势时，投资者不仅要掌握各项指标、参考数据的分析方法，还要了解国家的财政政策、货币政策、收入分配政策、证券市场的监管政策等宏观经济政策，市场因素和行业因素，以及利率、汇率等因素。

《证券投资分析》实验报告（二）

学生姓名：陈娇娇　　　　指导教师：唐平

实验项目名称：新股申购基本操作流程

一、实验目的

通过新股申购流程的操作，学生掌握新股申购规则和首日上市交易规则，熟悉投资者申购新股的准备工作，了解新股发行流程，进行证券投资分析。

二、实验要求

熟悉新股申购规则，了解如何进行新股申购、如何确定中签，熟悉新股发行流程。熟悉首日上市交易规则，分析股票投资价值。

三、实验步骤

1. 申购新股规则和首日交易规则（见表8-1、表8-2）

表8-1 全面注册制申购新股规则

新股申购规则	上海证券交易所	深圳证券交易所
申购市值起点	1万元	1万元
市值标准	T-2	T-2
额度计算	5 000元/申购单位	5 000元/申购单位
申购单位	500股或其整倍数	500股或其整倍数
申购上限	网上初始千分之一， 且不超9 999.9万股	网上初始千分之一， 且不超9 999.9万股
申购时间	9：30—11：30；13：00—15：00	9：15—11：30；13：00—15：00

表 8-2　首日交易规则

<table>
<tr><td>首日上市交易规则</td><td colspan="2">上海证券交易所</td><td colspan="2">深圳证券交易所</td></tr>
<tr><td>开盘集合竞价</td><td colspan="2">不高于发行价格 120%，
不低于发行价格 80%</td><td colspan="2">不高于发行价格 120%，
不低于发行价格 80%</td></tr>
<tr><td>连续竞价</td><td colspan="2">不高于发行价格 144%，
不低于发行价格 64%</td><td colspan="2">—</td></tr>
<tr><td rowspan="2">特殊报价规则</td><td colspan="2">14：55—15：00 收盘集合竞价</td><td colspan="2" rowspan="2">14：57—15：00 收盘集合竞价</td></tr>
<tr><td colspan="2">不高于当日开盘价的 120%
且不得低于当日开盘价的 80%</td></tr>
<tr><td rowspan="2">临时停牌</td><td>盘中成交价较当日开盘价首次上涨或下跌 10%以上（含）</td><td>停 30 分钟且仅停一次</td><td>盘中成交价较当日开盘价首次上涨或下跌 10%以上</td><td>停牌一个小时</td></tr>
<tr><td>盘中成交价较当日开盘价首次上涨或下跌 20%以上（含）</td><td>停牌持续到 14：55</td><td>盘中成交价较当日开盘价首次上涨或下跌 20%以上</td><td>停牌持续到 14：47</td></tr>
</table>

2. 投资者申购新股的前提

（1）通过证券公司开立证券账户，申购上海证券交易所（以下简称“上交所”）股票需要有上交所证券账户，并做好指定交易，申购深圳证券交易所（以下简称“深交所”）股票需要有深交所账户。申购新股对应的资金和市值，投资者市值申购需要在“T-2”（T 为申购日）交易日清算时有相应市场的非限售流通股的市值。

（2）根据投资者持有的市值，确定其网上可申购额度。持有市值 1 万元以上的投资者才能参与新股申购。沪市每 1 万元市值可申购 1 个申购单位（1 个申购单位为 1 000股）。不足 1 万元的部分不计入申购额度。深市每 5 000 元市值可申购一个申购单位（1 个申购单位为 500 股）。不足 5 000 元的部分不计入申购额度。

3. 新股申购流程

（1）T 日：投资者准备好足额资金，通过证券账户进行新股申购，买入委托（和买股票的菜单一样），沪市股票需要是 1 000 股的整数倍，深市股票需要是 500 股的整数倍，超过申购额度的都是废单。如果多次委托，仅第一笔委托是有效的。沪市申购时间为 T 日 9：30—11：30；13：00—15：00；深市申购时间为 T 日 9：15—11：30；13：00—15：00。

（2）T+1 日：资金冻结、验资及配号。中国结算公司将申购资金冻结。交易所将根据最终的有效申购总量，按每 1 000 股（深圳 500 股）配一个号的规则，由交易主机自动对有效申购进行统一连续配号。

（3）T+2 日：摇号抽签。交易所公布中签率，并根据总配号量和中签率组织摇号抽签，于次日公布中签结果。

（4）T+3 日：客户（一般在 T+2 日清算后）可查询是否中签，如未中签交易所会返款到账户。中签客户在新股上市日可以将中签股票进行交易。

按市值申购的流程举例如下：

甲公司和乙公司同时定于 T 日在深交所进行网上申购，网上发行量分别为 5 000 万股和 2 000 万股，主承销商规定的申购上限分别为 5 万股和 2 万股，发行价格都为 10 元。

T-2 日，按照新办法，投资者只有至少拥有 1 万元市值的股票，才能够获得对应额度新股申购的权利。申购日前两个交易日收市后，投资者张某持有的深市非限售 A 股股份在前 20 个交易日（包括当天）的每日平均市值为 20.9 万元，则张某能够获配 41 个申购单位，可申购新股 41×500＝20 500（股）。这一可申购额度少于甲公司的 5 万股申购上限，超过了乙公司的 2 万股申购上限。因此，张某最多只能申购甲公司新股 20 500 股，申购乙公司新股 20 000 股，超过部分为无效申购。

T 日，网上申购。

T+2 日，深交所公布中签率、中签号（扣款）。

T+3 日，未中签资金全部解冻（北交所）。

注意：以上 T+N 日为交易日，遇周六、周日顺延。

四、实验分析及结论

进行新股申购时除了要达到上面的申购新股的条件，还需要注意以下几点：同一投资者参与网上申购的，若用多个账户申购同一只新股，以第一笔申购为有效申购。进行新股申购（T 日）时无须支付申购资金。申购新股摇号中签后应依据中签结果履行资金支付义务，确保资金账户在 T+3 日 16:00 有足额的新股认购基金。

当认购基金不足时，不足部分视为放弃认购。由此产生的后果及相关法律责任由投资者自行承担。根据监管规定，投资者不得同时参与同一只股票的线下和网上申购，否则可能被列入证券业协会黑名单。投资者在申购前要仔细阅读股票发行公告，注意申购风险，谨慎投资。

第九章　证券投资基本面分析实验

第一节　上市公司财务分析实验

一、实验目的

分析上市公司的资产负债表、利润表和现金流量表，对于了解上市公司的财务状况和经营业绩，评价上市公司的偿债能力、营运能力和盈利能力，制定投资决策，有着重要作用。掌握上市公司财务运行状况，进行证券投资分析。

二、实验要求

利用上市公司的财务比率分析、会计报表附注分析、资产重组分析，判断上市公司的投资价值。

通过分析上市公司财务，掌握变现能力分析、营运能力分析、偿债能力分析、盈利能力分析、投资收益分析、现金流量分析等方法。

学生在教师的指导下独立完成实验，得出正确的结果，并完成实验报告。

三、实验原理

运用证券交易软件的基本功能，掌握基本操作方法，熟悉股票系统的基本操作及交易技能。

在分析财务比率时，应将同类指标联系起来进行综合分析。

四、实验学时

实训学时数一共 2 学时，学时分布情况：教师讲授占 5%，案例分析占 25%，学生项目设计占 70%。

五、实验步骤

（1）登录证券交易软件，如中银国际证券。

（2）输入股票代码或股票名称的每个汉字的第一字母，并按回车键，如 600519（贵州茅台 GZMT）（见图 9-1）。

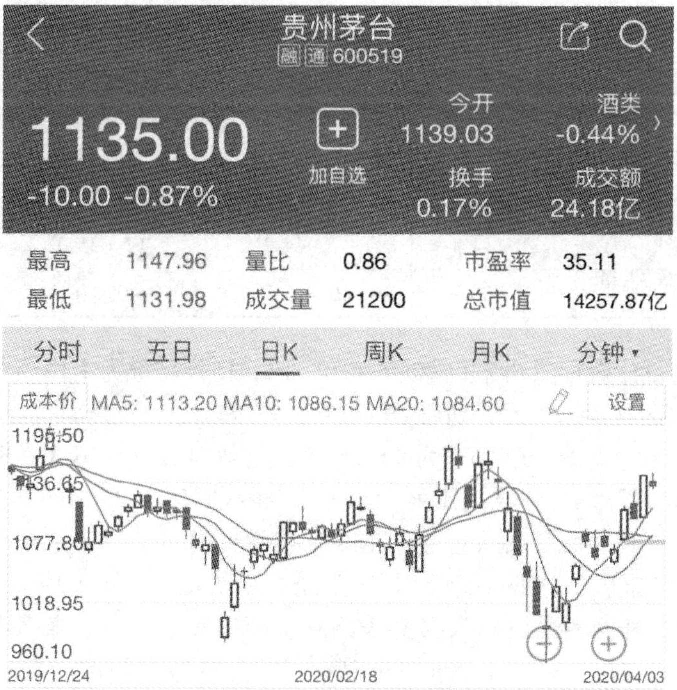

图 9-1 贵州茅台（600519）股票行情

（3）按 F10 键（或输入 10 并按回车键），查看股票基本信息，对贵州茅台进行基本面分析，详见表 9-1。

表 9-1 贵州茅台财务指标简表

日期 财务指标	2019-09-30	2018-12-31	2017-12-31	2016-12-31
审计意见	未经审计	标准无保留意见	标准无保留意见	标准无保留意见
净利润（万元）	3 045 485.54	3 520 362.53	2 707 936.03	1 671 836.27
净利润增长率（%）	23.131 7	30.001 7	61.973 8	7.838 9
营业总收入（万元）	6 350 866.30	7 719 938.41	6 106 275.69	4 015 508.44
营业总收入增长率（%）	15.534 9	26.426 3	52.067 3	20.056 4
加权净资产收益率（%）	24.920 0	34.460 0	—	24.440 0
资产负债比率（%）	19.519 1	26.549 3	28.668 3	32.794 2
净利润现金含量（%）	89.691 5	117.559 6	81.807 8	224.012 7
基本每股收益（元）	24.240 0	28.020 0	21.560 0	13.310 0
每股收益-扣除（元）	-	28.330 0	21.670 0	13.500 0
稀释每股收益（元）	24.240 0	28.020 0	21.560 0	13.310 0
每股资本公积金（元）	1.094 5	1.094 5	1.094 5	1.094 5

表9-1(续)

财务指标 \ 日期	2019-09-30	2018-12-31	2017-12-31	2016-12-31
每股未分配利润（元）	83.934 2	76.406 7	63.693 2	49.926 7
每股净资产（元）	99.712 2	89.825 5	72.800 3	58.027 6
每股经营现金流量（元）	21.744 5	32.944 8	17.635 0	29.813 2
经营活动现金净流量增长	-3.209 9	86.815 2	-40.848 3	114.788 5

（4）投资收益分析：贵州茅台2019年12月26日收盘价为1 135.10元，2019年第三季度：每股收益为24.24元，每股净资产为99.71元，市盈率（动）为35.12倍，市盈率（静）为40.51倍，市净率为11.38倍，营业总收入为6 350 866.30万元，净利润为3 045 485.54万元，营收同比为15.53%，净利同比为23.13%。

（5）利润表：利润表是反映企业一定会计期间（月度、季度、半年度或年度）生产经营成果的会计报表。企业一定会计期间的经营成果既可能表现为盈利，也可能表现为亏损，因此，利润表也被称为损益表。它全面揭示了企业在某一特定时期发生的各种费用、成本或支出，以及企业实现的利润或发生的亏损情况。贵州茅台2019年第三季度的净利润为3 045 485万元，同比增长23%，说明贵州茅台净利润保持了较好的增长。

（6）资产负债表：资产负债表表明权益人在某一特定日期拥有或控制的经济资源、承担的现有义务和所有者对净资产的要求权。它是一张揭示企业在一定时点财务状况的静态报表。贵州茅台2019年第三季度每股净资产为99.71元，净资产收益率24.92%，说明贵州茅台净资产收益良好。

（7）现金流量表：现金流量表的出现，主要是要反映资产负债表中各个项目对现金流量的影响，并根据其用途划分为经营、投资及融资三类。现金流量表可用于分析一家机构在短期内有没有足够现金去应付开销。贵州茅台2019年第三季度每股经营现金流量为21.74元，说明公司的经营现金充足。

六、实验分析及结论

（一）实验分析

财务比率最大的好处是可以消除规模的影响，用来比较不同企业的收益与风险，从而帮助投资者和债权人做出理智的决策。它可以评价某项投资在各年之间收益的变化，也可以在某一时点比较某一行业的不同企业。由于不同的决策者信息需求不同，所以其使用的分析技术也不同。投资者在分析时除了要结合实际情况和报表附注进行分析外，还应该注意预测公司经营环境可能发生的变化，根据预测对财务分析结果进行调整；在分析时还应结合多种数据进行综合分析，切莫抓住一个数据进行简单分析。投资者只有在综合分析的前提下，才可以对公司未来股价的变化进行预测，否则将会出现错误判断。

（二）实验结论

资产负债表是反映企业在某一特定日期的财务状况的会计报表，它表明企业在某一特定日期拥有或控制的经济资源、承担的现有义务和所有者对净资产的要求权。利润表是反映企业一定时期内经营成果的会计报表，表明企业运用拥有的资产进行获利的能力。现金流量表是反应一定时期内（月度、季度、半年度或年度）企业经营活动、投资活动和筹资活动对其现金及现金等价物产生的影响的财务报表。

学生通过分析贵州茅台的资产负债表、利润表和现金流量表，掌握贵州茅台财务运行状况，帮助投资者在证券投资时进行分析，以达到预测股价走势和综合考量该企业营运能力的目的，从而为投资者是否对其进行投资提供依据。从贵州茅台 2019 年第三季度看，公司的净利润保持了较好的增长，净资产收益率较好，现金流量充足。

第二节　宏观经济与证券投资实验

一、实验目的

学生运用宏观经济分析的基本方法，理解宏观经济运行各项指标对证券市场的影响，判断证券市场的总体变动趋势，把握整个证券市场的平均投资价值，掌握宏观经济政策对证券市场的影响力度与方向，理解中国股市表现和宏观经济相背离的原因。

二、实验要求

学生通过对宏观经济分析的基本方法的运用，掌握宏观经济变动与证券市场波动的关系，理解经济发展情况、物价变动情况、财政政策、货币政策、收入政策等经济变量的变化对证券市场的影响。

学生在教师的指导下独立完成实验，得出正确的结果，并完成实验报告。

三、实验原理

宏观经济运行通过四个途径影响证券市场：企业经营效益、居民收入水平、投资者对股价的预期、资金成本。

学生利用 Eviews 软件建立模型，分析证券投资价值与宏观经济各变量之间的关系，判断证券投资时机、证券投资价值。

学生根据我国的当前宏观经济运行形势，包括经济发展情况、物价变动情况、财政政策、货币政策、收入政策等，结合证券市场运行情况，进行投资策略设计。

四、实验学时

实训学时数一共 2 学时，学时分布情况：教师讲授占 5%，案例分析占 25%，学生项目设计占 70%。

五、实验步骤

（1）收集相关宏观经济变量数据，需要超过 15 个时间序列数据组。

（2）根据收集的数据频率和时间范围，创建 Eviews 工作文件（Workfile），如图 9-2所示。

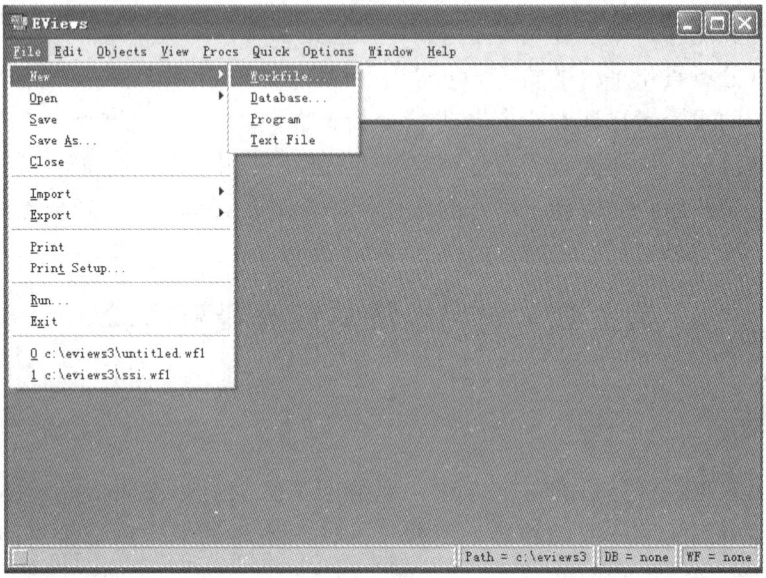

图 9-2　创建 Eviews 工作文件界面

（3）录入数据，并对时间序列数据组进行初步分析。绘制上证综合指数序列的折线图，初步分析序列的基本趋势和变量之间的关系。录入数据界面如图 9-3 所示。

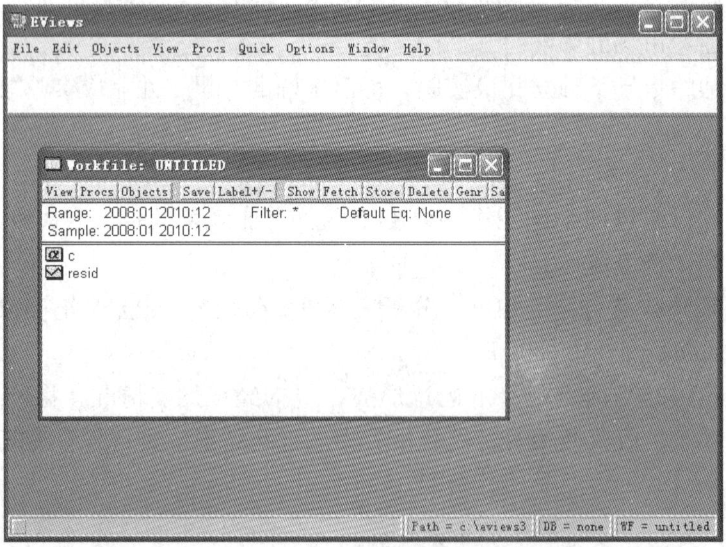

图 9-3　录入数据界面

（4）对模型进行检验。利用 t 统计量、DW 统计量、残差正态性检验、自相关的 LM 检验、异方差的 White 检验等方法对模型进行检验。模型检验结果如表 9-2 所示。

表 9-2 模型检验结果

Dependent Variable：ln（CSV1）				
Method：Least Squares				
Date：01/28/08 Time：20：46				
Sample：2005：01 2007：12				
Included observations：36				
ln（*CSV*1）=*C*（1）+*C*（2）×ln（*M*1）+*C*（3）×ln（TSV）+*C*（4）×ln（CPI）+*C*（5）×ln（*R*）				
	Coefficient（系数）	Std. Error（标准值）	t-Statistic（t 统计值）	Prob.（P 值）
C（1）	-44.112 93	13.157 81	-3.352 605	0.002 1
C（2）	0.999 407	0.365 606	2.733 560	0.010 3
C（3）	0.277 818	0.030 191	9.202 018	0.000 0
C（4）	8.397 819	2.415 708	3.476 339	0.001 5
C（5）	1.101 064	0.335 257	3.284 233	0.002 5
R-squared	0.990 194	Mean dependent var		9.985 171
Adjusted R-squared	0.988 929	S. D. dependent var		0.789 601
S. E. of regression	0.083 080	Akaike info criterion		-2.009 769
Sum squared resid	0.213 973	Schwarz criterion		-1.789 836
Log likelihood	41.175 84	F-statistic		782.612 1
Durbin-Watson stat	1.843 195	Prob（F-statistic）		0

（5）对模型进行评价。利用样本决定系数 R^2 和调整后的 R^2 等指标，结合模型的检验结果对模型进行评价。

（6）对模型的经济意义进行解释。对参数估计值和样本决定系数 R^2 的经济意义进行解释。

（7）综合上述实验步骤得出的结果，得出最终结论（证券投资价值与宏观经济各变量之间的关系）。总结实验过程中的问题以及得到的经验教训。

（8）根据实证分析结论，进行当年的投资理财方案设计，完成实验报告。

六、实验分析及结论

通过回归分析得出，中国股票市场的波动与宏观经济变量有紧密联系。变量的变动对股市趋势影响是正向时，股市的惯性增加，变量的变动对股市趋势影响是负向时，股市的惯性减少，甚至反转。所以，管理层可以通过调节宏观经济变量来增加或减小股市的波幅，即在股市出现明显泡沫时，可以适当减少货币供给量，稳定物价，或者提高实际利率水平，减小股市趋势向上的惯性，使股市趋势反转；同样，在股市持续低迷时，也可以适当采取相反的措施，实施政策救市，稳定市场和人心。这样才有利于我国股市长期健康发展。

第三节　证券投资基本面实验案例

《证券投资分析》实验报告（三）

学生姓名：向一文　　　指导教师：唐平

实验项目名称：上市公司财务分析实验

一、实验目的

分析上市公司的资产负债表、利润表和现金流量表，对于了解上市公司的财务状况和经营业绩，评价上市公司的偿债能力、营运能力和盈利能力，制定投资决策，有着重要作用。掌握上市公司财务运行状况，进行证券投资分析。

二、实验要求

利用上市公司财务比率分析、会计报表附注分析、资产重组分析，判断上市公司的投资价值。

通过分析上市公司财务，掌握变现能力分析、营运能力分析、偿债能力分析、盈利能力分析、投资收益分析、现金流量分析等的方法。

学生在教师的指导下独立完成实验，得出正确的结果，并完成实验报告。

三、实验步骤

（1）登录“大智慧”证券交易软件，或打开中银国际证券交易软件，选择 600667 股票（太极实业）；太极实业财务指标如表 9-3 所示。

表 9-3　太极实业财务指标

日期 财务指标	2019-09-30	2018-12-31	2017-12-31	2016-12-31
审计意见	未经审计	标准无保留意见	标准无保留意见	标准无保留意见
净利润（万元）	45 261.58	57 292.51	41 779	23 252.08
净利润增长率（%）	23.010 1	37.132 3	79.678 5	101.739 8
营业总收入（万元）	1 246 843.03	1 565 196.58	1 203 381.94	961 617.53
营业总收入增长率（%）	11.063 9	30.066 5	25.141 4	34.553 1
加权净资产收益率（%）	6.83	9.13	7.11	6.79
资产负债比率（%）	62.809 3	59.972	56.730 9	67.797 5

表9-3(续)

日期 财务指标	2019-09-30	2018-12-31	2017-12-31	2016-12-31
净利润现金含量（%）	76.452 4	225.213 8	196.187	220.640 2
基本每股收益（元）	0.21	0.27	0.2	0.14
每股收益-扣除（元）	—	0.24	0.19	0.07
稀释每股收益（元）	0.21	0.27	0.2	0.14
每股资本公积金（元）	1.48	1.48	1.547 9	0.996 8
每股未分配利润（元）	0.582 8	0.504 9	0.349 1	0.247 7
每股净资产（元）	3.166 6	3.055 6	2.929 3	2.303 5
每股经营现金流量（元）	0.164 3	0.612 6	0.389 2	0.303 3
经营活动现金净流量增长率（%）	-1.675	57.421 7	59.765 1	-47.958 1

（2）投资收益分析。

市盈率=当前股票每股市场价格/每股收益=6.53÷0.21=31。

市净率=当前股票每股市场价格/每股净资产=6.53÷3.17=2.06。

每股收益=0.21 元。

每股净资产=3.17 元。

营业总收入=1 246 843.03 万元。

净利润=45 261.58 万元。

营收同比=11.063 9%。

净利同比=23.010 1%。

（3）利润表分析。

营业净利润=净利润/销售收入=4.220 0%。

营业毛利润指标=（营业收入-营业成本）÷营业收入=11.751 5%。

表 9-4 为太极实业利润表。

表 9-4 人极实业利润表

日期 财务指标（%）	2019-09-30	2018-12-31	2017-12-31	2016-12-31
营业利润率	4.884 1	4.903 5	5.339 8	4.909 4
营业净利率	4.22	4.310 4	4.588 2	4.314 8
营业毛利率	11.751 5	13.252 9	13.559	14.873 4
成本费用利润率	5.210 2	5.342 9	5.714 5	5.43
总资产报酬率	3.029 1	4.302 8	3.779 9	3.187 3
加权净资产收益率	6.83	9.13	7.11	6.79

（4）资产负债表分析。

资产负债率=负债总额÷资产总额=62.809 3%。

流动比率=流动资产÷流动负债=1.148 9%。

速动比率=（流动资产-存货）÷流动负债=0.912 0%。

太极实业资产负债情况如表 9-5 所示。

表 9-5　太极实业资产负债表

财务指标＼日期	2019-09-30	2018-12-31	2017-12-31
流动比率	1.148 9	1.216 5	0.970 3
速动比率	0.912	0.966 5	0.763 2
资产负债比率（%）	62.809 3	59.972	67.797 5
产权比率（%）	168.884 2	149.825 3	210.535

（5）现金流量表分析。

太极实业现金流量情况如表 9-6 所示。

表 9-6　太极实业现金流量表　　单位：万元

指标＼日期	2019-09-30	2018-12-31	2017-12-31
销售商品收到现金	1 217 413.06	1 515 209.17	881 203.14
经营活动现金流入	1 231 941.59	1 534 146.79	893 221.51
经营活动现金流出	1 197 338.05	1 405 116.12	841 918.06
经营活动现金额	34 603.55	129 030.67	51 303.45
投资活动现金流入	30 109.44	125 645.77	38 732.26
投资活动现金流出	203 201.95	137 361.63	104 268.93
投资活动现金净额	-173 092.51	-11 715.86	-65 536.67
筹资活动现金流入	351 503.7	323 821.43	328 280.21
筹资活动现金流出	342 753.59	349 684.73	311 395.86
筹资活动现金净额	8 750.11	-25 863.3	16 884.35
汇率变动的现金流	136.01	-100.52	383.26
现金流量净增加额	-129 602.84	91 350.98	3 034.4

四、实验结论及分析

（一）实验结论

通过分析太极实业公司的资产负债表、利润表和现金流量表，能够了解太极实业公司财务运行状况和经营业绩。2019 年第三季度太极实业公司营业总收入为 1 246 843.03万元，净利润为 45 261.58 万元，净利同比为 23.01%，每股收益为 0.21 元，表明太极实业公司具有较强的营运能力，盈利能力和偿债能力较好，公司总体财务运行状况良好。2019 年第三季度太极实业公司现金流量净增加额为-129 602.84 元，说明公司目前的现金流存在一定的困难。

（二）实验分析

（1）企业分析中最重要的是企业财务状况分析，财务报表通常被认为是最能够获取有关企业信息的工具。

（2）在对企业财务分析时，除了要结合实际情况和报表附注进行分析外，还应该注意预测企业经营环境可能发生的变化。

（3）通过对企业财务、经营、管理等方面的状况进行分析，预测企业影响股东收益和现金流的各项因素，并将其作为具体投资建议的依据之一。

（4）对投资者个人而言，相对简单、直接且行之有效的分析就是企业分析。

《证券投资分析》实验报告（四）

学生姓名：何良　　　　指导教师：唐平

实验项目名称：基于宏观经济变量的中国股市波动实证分析

一、实验目的

学生运用宏观经济分析的基本方法，理解宏观经济运行各项指标对证券市场的影响，判断证券市场的总体变动趋势，把握整个证券市场的平均投资价值，掌握宏观经济政策对证券市场的影响力度与方向，了解转型背景下宏观经济对股市的影响不同于成熟市场经济，理解中国股市表现和宏观经济相背离的原因。

二、实验要求

学生根据我国的当前宏观经济运行形势，包括经济发展情况、物价变动情况、财政政策、货币政策、收入政策等，并结合证券市场运行情况，进行证券投资组合实验。

三、实验步骤

1. 中国流通股票市值计量模型的建立

（1）流通股票总市值（CSV）。它是指上海证券交易所和深圳证券交易所全部上市公司流通股票市值的总和。我们把它作为因变量，分析各宏观经济变量的变化对它的影响情况。

（2）狭义的货币供给量（M1）。狭义的货币供给量与流通股票总市值在理论上是正相关的。一般来说，货币供给量增加，市场流动性增强，流入股市的资金越多，股票价格上涨，流通股票总市值增加；反之，则减少。

（3）每月股票总成交金额（TSV）。成交量对股票的影响是复杂的。一般情况下，当股票上涨时，如果成交量有效放大，预期股票继续上涨的动力就越强；反之，则弱。当股票下跌时，如果成交量有效放大，预期股票继续下跌的动力就越强；反之，则弱。但是，如果在股市趋势反转时也可能出现与前面相反的情况。

（4）国内生产总值增长率（GDPR）。它反映国内经济总量增长的速度，是经济运行环境的重要指标，在一定程度上能反映上市公司的总体业绩水平。

（5）居民消费价格指数（CPI）。居民消费价格指数与通货膨胀预期密切相关，且呈正相关关系。它的变动会引起其他因素的变化，如实际利率水平，中央银行是否采取货币政策措施等。所以，它对股票市场不是一个简单直接的影响因素，而是一个综合性的影响因素。

（6）利率（R）。一般来说，利率越高，人们持有货币的机会成本越大，投机性货币需求就越少，实际利率变动对股票市值影响是反方向的。

（7）随机因素（U）。其包括未考虑到的影响流通股票总市值的其他因素。

综上所述，我国流通股票总市值计量模型的基本形式为

$$CSV_t = f(M1_t,\ \mathrm{TSV}_t,\ \mathrm{GDPR}_t,\ \mathrm{CPI}_t,\ R_t,\ U_t)$$

式中，CSV_t是流通股票总市值，$M1_t$是狭义的货币供给量，GDPR_t是国内生产总值增长率，CPI_t是居民消费价格指数，R_t是央行公布的一年期存款基准利率，U_t是随机变量。

2. 对回归分析数据的简要解释

回归分析的数据是从国家统计局、中国人民银行和中国证券监督管理委员会官方网站上选取的，数据具有准确性、权威性。

（1）流通股票总市值（CSV）是沪深流通股票市值总和。它的变动基本能反映中国股票市场波动情况。

（2）狭义的货币供给量（M1）是由中国人民银行定期公布的。目前我国已经实行“银证通”结算方式，我们主要研究 M1 的变化对流通股票总市值的影响。

（3）每月股票总成交量（TSV）数据来源于中国证券监督管理委员会统计月报。它的变动与股市波动有密切联系。

（4）国内生产总值增长率（GDPR）数据来源于国家统计局公布的季度数据并修正所得，是衡量国家经济增长的最重要的指标。

（5）居民消费价格指数（CPI）。它能反映通货膨胀的变化情况，来源于国家统计局网站，并以上年同月为基期，基期值为 100。

（6）利率（R）。我们采用一年期存款基准利率，从中国人民银行网站获得数据，既可采用短期利率，也可采用长期利率。由于目前我国利率结构较为合理，因此采用何种利率差别不大。

所有数据如表 9-7 所示。

表 9-7　模型计量分析表

时间	CSV	M1	TSV	GDPR	CPI	R
2005 年 1 月	11 067.77	97 079.03	1 740.73	10.5	101.9	2.25

表9-7(续)

时间	CSV	M1	TSV	GDPR	CPI	R
2005 年 2 月	12 161. 18	92 814. 95	1 984. 27	10. 5	103. 9	2. 25
2005 年 3 月	10 996. 52	94 743. 19	2 977. 30	10. 5	102. 7	2. 25
2005 年 4 月	10 658. 99	94 593. 72	2 964. 56	10. 5	101. 8	2. 25
2005 年 5 月	9 989. 17	95 802. 01	1 457. 74	10. 5	101. 8	2. 25
2005 年 6 月	10 004. 21	98 601. 25	3 086. 10	10. 5	101. 6	2. 25
2005 年 7 月	9 814. 85	97 674. 1	2 176. 59	10. 2	101. 8	2. 25
2005 年 8 月	10 633. 67	99 377. 7	4 641. 27	10. 2	101. 3	2. 25
2005 年 9 月	10 692. 76	100 964	4 078. 22	10. 2	100. 9	2. 25
2005 年 10 月	10 132. 09	101 751. 98	2 061. 20	10. 4	101. 2	2. 25
2005 年 11 月	10 135. 70	104 125. 78	2 229. 10	10. 4	101. 3	2. 25
2005 年 12 月	10 630. 52	107 278. 57	2 266. 06	10. 4	101. 6	2. 25
2006 年 1 月	11 753. 75	107 250. 68	3 561. 05	10. 4	101. 9	2. 25
2006 年 2 月	12 199. 52	104 357. 08	3 641. 96	10. 4	100. 9	2. 25
2006 年 3 月	12 434. 27	106 737. 08	3 991. 18	10. 4	100. 8	2. 25
2006 年 4 月	13 635. 17	106 389. 11	7 157. 85	11. 6	101. 2	2. 25
2006 年 5 月	16 162. 83	109 219. 22	10 727. 61	11. 6	101. 4	2. 25
2006 年 6 月	16 749. 07	112 342. 36	8 993. 55	11. 6	101. 5	2. 25
2006 年 7 月	16 007. 41	112 653. 04	8 095. 25	10. 2	101. 0	2. 25
2006 年 8 月	17 020. 92	114 845. 67	5 449. 35	10. 2	101. 3	2. 52
2006 年 9 月	17 994. 37	116 814. 1	6 598. 02	10. 2	101. 5	2. 52
2006 年 10 月	18 886. 24	118 359. 96	6 643. 81	10. 7	101. 4	2. 52
2006 年 11 月	21 488. 91	121 644. 95	10 279. 56	10. 7	101. 9	2. 52
2006 年 12 月	25 003. 64	126 028. 05	15 329. 47	10. 7	102. 8	2. 52
2007 年 1 月	30 407. 68	128 484. 06	25 560. 35	11. 1	102. 2	2. 52
2007 年 2 月	34 036. 09	126 258. 08	17 455. 61	11. 1	102. 7	2. 52
2007 年 3 月	38 972. 49	127 881. 31	32 016. 42	11. 1	103. 3	2. 79
2007 年 4 月	52 134. 96	127 678. 33	49 122. 64	11. 9	103. 0	2. 79
2007 年 5 月	59 397. 86	130 275. 80	58 944. 93	11. 9	103. 4	3. 06
2007 年 6 月	55 572. 81	135 847. 40	54 080. 03	11. 9	104. 4	3. 06
2007 年 7 月	67 382. 75	136 237. 43	33 055. 86	11. 5	105. 6	3. 33
2007 年 8 月	79 336. 24	140 993. 21	54 644. 32	11. 5	106. 5	3. 60

表9-7(续)

时间	CSV	M1	TSV	GDPR	CPI	R
2007 年 9 月	85 555.73	142 591.57	46 288.16	11.5	106.2	3.87
2007 年 10 月	89 141.56	144 649.33	35 138.90	11.1	106.5	3.87
2007 年 11 月	78 522.63	148 009.82	25 179.08	11.1	106.9	3.87
2007 年 12 月	93 064.35	152 519.17	29 069.92	11.1	106.5	4.14

注：M1 为名义的狭义货币供给；GDPR 为名义国内生产总值增长率；R 为名义利率；CSV、M1、TSV 的单位为亿元人民币；CPI、R 的单位为百分比。

3. 中国流通股票市值模型的回归分析

对我国流通股票总市值计量模型中的所有变量取对数，再利用线性回归方程进行估计，并假设我国股票市值计量模型如下：

$$\ln CSV_t = a_1 + a_2 \ln M1_t + a_3 \ln TSV_t + a_4 \ln GDPR_t + a_5 \ln CPI_t + a_6 \ln R_t$$

式中，各变量含义如前，a_j 为截距，回归系数 $j=1$，2，3，4，5，6。

我们按以上的回归方程，根据所查数据，利用 Eviews 软件进行回归分析，并按如下步骤进行：第一步，根据假设的流通股票总市值模型进行回归分析，得出各个变量的回归系数；第二步，将系数不显著的变量剔除，再进行第二次回归分析，得出与股票市值关系最为显著的变量所构成回归方程。第一步的结果表明，在方程回归中，GDPR 对 CSV 的统计不显著。因此，在第二步回归分析时剔除 GDPR，回归结果如表 9-8 所示。

$$\ln CSV = -44.112\ 93 + 0.999\ 407 \ln M1 + 0.277\ 818 \ln TSV + 8.397\ 819 \ln CPI + 1.101\ 064 \ln R$$

表 9-8　回归结果

Prob.	0.002 1	0.010 3	0.000 0	0.001 5	0.002 5
Std. Error	13.157 81	0.369 401	0.030 191	2.415 708	0.335 257
t-Statistic	-3.352 605	2.733 560	9.202 018	3.476 339	3.284 233

$F=782.612$；$R^2=0.990\ 194$；$AR^2=0.988\ 929$；$DW=1.843\ 195$。

对模型的回归结果，做如下解释：

（1）关于回归结果的总体检验。

①方程回归分析中 R-squared 和 Adjusted R-squared 的值接近 1，表明各方程的拟合优度很高。

②方程回归分析都通过了显著水平为 1%的 F 检验，即各方程的 F 值远远大于 F 分布的临界值（4.02），表明各方程在 1%的统计水平上都联合显著。

③方程回归分析的 DW 值为 1.843 195，落在［1.513，2.487］区间，并且在 2 的附近，通过了显著水平为 1%的 DW 检验。再观察方程的残差图，我们发现，残差的分布是随机的，因此可以确定方程不存在一阶自相关问题。

④方程的截距和回归系数都通过了显著水平为 1%的 T 统计检验，T 的绝对值均大

于T分布的临界值（2.457），而且标准差都很小。因此，方程中的截距和回归系数都是显著的，且稳定性好。

（2）对各回归方程的分析

①在回归方程中，M1的回归系数与理论预期一致，呈正相关关系，即随着M1的增加，金融市场流动性增加，流入股票市场的资金越多，股价上升，股票流通市值增加。

②在回归方程中，TSV与CSV正相关，即沪深股市的月总交易量与股票市值是同向变动关系，说明CSV的增加伴随着股票交易量的推动。

③在回归方程中，CPI与CSV正相关，即CPI上升，股票市值增加。对这一现象的解释是：由于CPI的上升，实际利率相对下降，人们偏好把资金投入股市，银行储蓄相对减少。

④在回归方程中，利率R与CSV都是正相关，与理论预期不一致。我们在对中国股市的长期观测中发现，中央银行宣布加息当天，大盘指数多数情况是上涨。其原因是：当有加息利空信息时，股市就会有下跌动因的提前反应，每当加息利空信息公布后，股市的利空已经释放，在牛市基础没有发生根本性改变时，小幅加息并没有改变实际利率为负的局面，股市仍将向上。

⑤在回归方程中，GDP增长率不能反映在CSV中，主要原因是2005—2007年国内生产总值（GDP）的增长率之间的差额并没有大的变化，而流通股票总市值增长了8.41倍。这一事实表明：近几年我国股市的牛市基础是持续健康的经济增长和其他向好的宏观经济指标，以及上市公司业绩的持续增长或超预期增长，而非经济增长率的提高。

四、实验结论及分析

（一）实验结论

（1）狭义的货币供给M1与流通股票总市值呈正向关系。货币供给增加导致股票总市值增加，货币供给减少会引起股票总市值减少。从回归方程可以看出，在其他变量不变时，M1变动一个单位，会引起股票总市值变动0.999 407个单位。表明中央银行可以通过调控货币供给量影响股市。

（2）每月股票成交总金额与流通股票总市值呈正向关系，对股票总市值影响的弹性是0.277 818。成交量的变化对股市的影响是复杂的，从回归方程来看，我国股票上涨伴随着成交量的放大，股票总市值也增加。

（3）CPI在回归方程中的弹性是8.397 819，CPI的变动代表了居民消费物价的变动，CPI上涨越快，货币购买力下降越快。目前人们的投资渠道比较少，在实际利率为负的情况下，有更多的人偏好股票投资，边际储蓄下降。

（4）利率的变化与股票总市值呈正向关系，结论与理论不一致，其原因如下：一是我国利率调整的重要依据是CPI的变动。一般来说，利率的调整是在CPI公布之后，而CPI公布之前人们对它有一个预测，并在股市中提前反映出来，当利率调整公布时，股票市场的利空已经提前释放。二是方程使用的是名义利率，中央银行每次加息后实际利率仍为负，所以人们偏好股票投资，部分资金可能就流入股市。

（5）近几年，我国经济增长率一直处于高位。2006—2007 年中国股票牛市基础是：经济仍保持高速增长，上市公司业绩平稳或有超预期增长，股权分置改革的成功，人民币升值等。

（二）实验分析

中央银行货币政策的变化，会使股票投资的未来收益率和未来分红的折现率发生改变，影响股票的当前价格，货币供应量或者基准利率的变动，也会促使投资者对股票的价值进行重新估值。所以，货币政策的改变会引起投资者对其金融资产进行调整，从而对股市运行趋势产生影响；同样，上市公司的资金成本也将产生变动，投资支出也会有所变动。最终，实体经济和虚拟经济都受到影响。印花税的变化直接影响股票投资者的成本，从而影响投资者投资的决策行为和参与的热情。印花税抽取会影响到股市资金量，如果所有上市公司分红总额小于股市交易的印花税与佣金的总和，股市就是负和游戏，如果没有外围资金流入，只是一味地抽走资金，那么股票市值就会缩水，股市只能跟着下跌。印花税作为调节股市的财政税收政策，在调节非理性的股市波动时，应该具有一定的灵活性。

第十章　证券投资技术理论实验

第一节　证券投资技术理论运用实验

一、实验目的

学生通过K线图，能够把每日或某一周期的市况表现完全记录下来，并从这些形态的变化中摸索出一些规律；理解切线理论的股票投资“顺势而为”的重要性；通过形态理论运用，研究股价走过的轨迹，分析和挖掘曲线的多空双方力量的对比关系，决定是否采取行动；通过对量价关系理论的学习和实验，理解成交量是推动股价上涨的原动力，量是价的先行指标。

二、实验要求

运用K线理论了解买卖双方争斗中力量的对比和风向的转变，掌握K线理论与股票买卖时机。

运用切线理论了解一定时期内股票价格的波动方向，操作策略是“顺势而为”。

运用形态理论了解多空双方力量的对比关系，决定是否采取行动。

运用量价关系理论了解股票价格的涨跌与其成交量大小之间存在的内在关系。投资者可通过分析此关系，判断形势，买卖股票。

三、实验原理

K线图反映的是一段时间以来买卖双方实际争斗的结果。投资者从中可以看到买卖双方争斗中力量的增减、风向的转变等。

趋势是指股票价格的波动方向。若确定了一段上升或下降的趋势，则股价的波动必然朝着这个方向运动。上升的行情中，虽然也时有下降，但不影响上升的大方向；同样，下跌行情中也可能有上升，但不断出现的新低使下降趋势不变。

形态理论是通过研究股价走过的轨迹，分析和挖掘曲线告诉我们的一些多空双方力量的对比结果，进而指导我们的行动。

成交量是推动股价上涨的原动力，量是价的先行指标。

四、实验学时

实训学时数一共4学时，学时分布情况：教师讲授占5%，案例分析占25%，学生项目设计占70%。

五、实验步骤

（1）登录证券交易软件，如“大智慧”或中银国际证券。

（2）输入股票代码或股票名称的全部汉字的第一个字母，并按回车键，如 000538（云南白药 YNBY）（见图 10-1）。

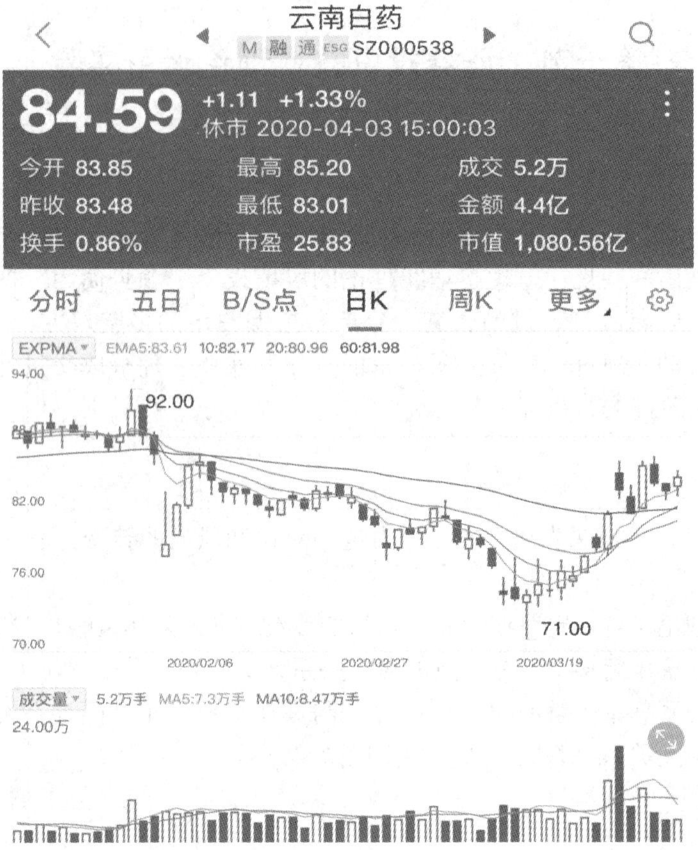

图 10-1 云南白药 K 线图

（3）运用 K 线理论、切线理论、形态理论、量价关系理论对所选股票进行分析。

（4）在所选股票的 K 线图中找出图 10-2、图 10-3 所示的 K 线形状。

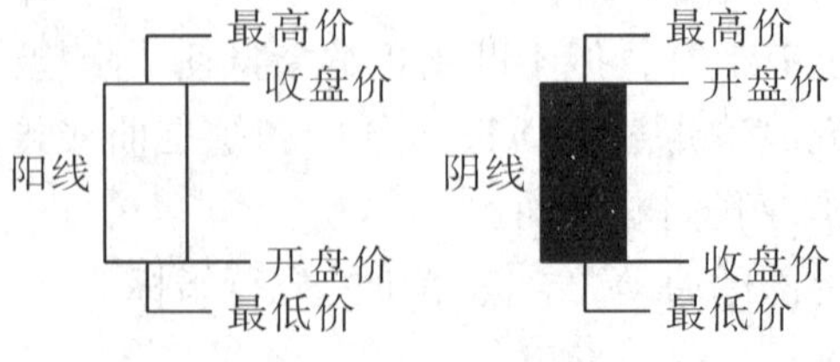

图 10-2 K 线的绘制

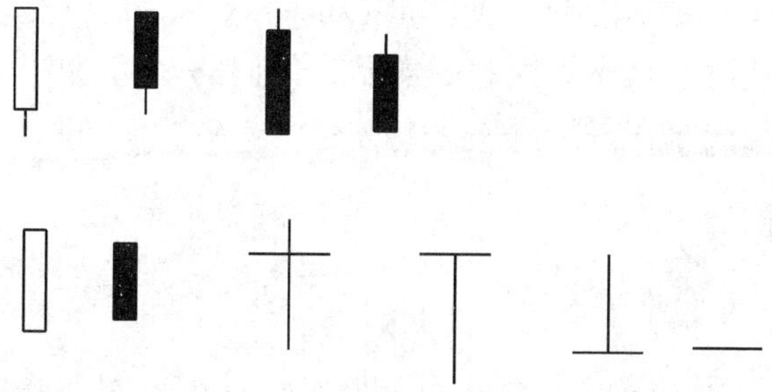

图 10-3　K 线的其他形状

（5）根据 K 线实体的长短、阴阳，上下影线的长短以及实体的长短与上下影线长短之间的关系研判股票行情。

（6）在所选择股票（云南白药 000538）的 K 线图中画出支撑线和压力线，支撑线和压力线形状如图 10-4 所示。然后分析股票的价格变动，找出价格变动的规律性，看看能否得出结论：一是支撑线和压力线的作用是阻止或暂时阻止股价朝一个方向继续运动。二是股价的变动是有趋势的，要维持这种趋势，保持原来的变动方向，就必须冲破阻止其继续向前的障碍。

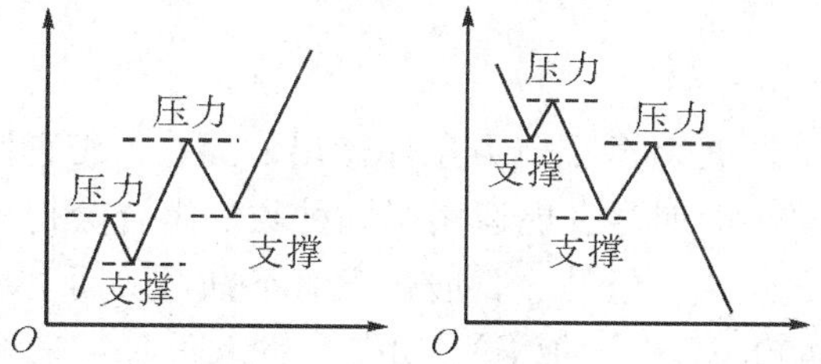

图 10-4　支撑线和压力线

（7）在所选择股票（如云南白药 000538）的 K 线图中找出双重顶形态和双重底形态，形状如图 10-5 所示。分析能否得出结论：双重顶形态和双重底形态是市场上众所周知的 M 头和 W 底，是一种极为重要的反转形态，它在实际中出现得非常频繁。

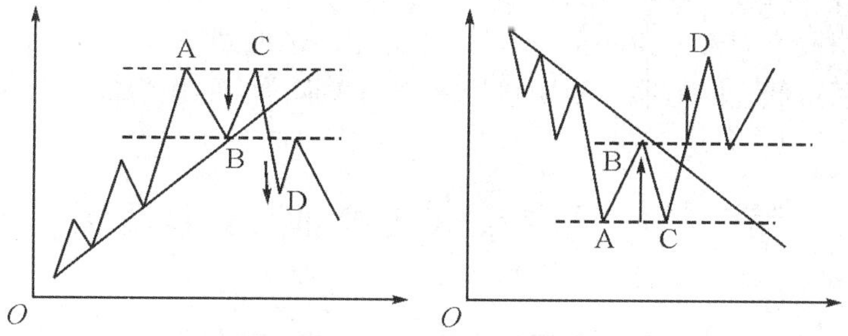

图 10-5　双重顶形态和双重底形态

（8）分析股票的量价关系，看看能否得出以下规律：一是股票价格的涨跌与其成交量大小之间存在一定的内在关系，成交量是推动股价上涨的原动力，量是价的先行指标。二是成交量是反映股市人气聚散的一面镜子，人气旺盛买卖踊跃，成交量自然放大；相反，人气低迷买卖不活跃，成交量必定萎缩。三是成交量是观察庄家大户动态的有效途径，资金量巨大是庄家大户的实质，他们的一切意图都要通过成交来实现。成交量骤增，很可能是庄家在买进卖出。

六、实验结论及分析

（一）实验结论

K 线图反映的是一段时间以来买卖双方实际争斗的结果，投资者从中可以看出买卖双方斗争中力量的增减、风向的转变等。因此熟悉 K 线组合对市场走势的分析至关重要。投资者若能合理利用 K 线图并加以分析，将对证券投资发挥巨大作用。

股价变动有一定的趋势，在长期上涨或下跌的趋势中，会有短暂的盘旋或调整，投资者应把握长期趋势，不为暂时的回调和反弹所迷惑，同时也应及时把握大势的反转。切线理论就是帮助投资者识别大势变动方向的较为实用的方法。

形态理论正是通过研究股价走过的轨迹，分析和挖掘曲线告诉我们的一些多空双方力量的对比结果，进而指导我们的行动。

股票价格的涨跌与其成交量大小之间存在一定的内在关系，投资者可通过分析此关系，判断形势，买卖股票。

（二）实验分析

K 线无论有多少根，都是对多空双方争斗做出的描述，由它们的组合得到的结论都是相对的，而不是绝对的。有时会发现运用不同种类的组合会得到不同的结论，有时应用一种组合得到会下跌的结论，但是次日股价没有下跌，反而上涨。这时重要的一个原则就是尽量使用根数多的 K 线组合的结论，并将新的 K 线加进来重新进行分析判断。

趋势线有两种作用：一是对价格今后的变动起约束作用，使价格总保持在这条趋势线的上方（上升趋势线）或下方（下降趋势线）；二是趋势线被突破后，就说明股价下一步的走势将要反转。

股价上升，成交量也相伴而升，是市场继续看好的表现；股价下跌，成交量随之而减，说明卖方对后市看好，持仓惜售，转势反弹仍大有希望。股价上升而成交量减少或持平，说明股价的升势得不到成交量的支撑，这种升势难于维持；股价下跌但成交量上升，是后市低迷的前兆，说明投资者唯恐大祸降临而抛售离市。

第二节　证券投资技术理论实验案例

《证券投资分析》实验报告（五）

学生姓名：向一文　　　指导教师：唐平

实验项目名称：运用 K 线理论及趋势分析股票

一、实验目的

掌握运用K线理论分析股票运行趋势的技巧。通过K线图，我们能够把每日或某一周期的市况表现完全记录下来，股价经过一段时间的盘档后，在图上即形成一种特殊形态，不同的形态显示出不同意义。

二、实验要求

运用证磏交易软件基本操作方法，要求学生能在单根K线图中找出4个关键价格：开盘价、最高价、最低价、收盘价。运用K线理论的基本原理、形状及形成过程，分析股票多空双方力量大的小，能够分析K线的形状与找出股票买卖时机。

三、实验步骤

（1）登录证券交易软件，如中银国际证券手机软件，选择所要分析的股票，如600667（太极实业），点击日线，出现日K线图。太极实业日K线如10-6所示。

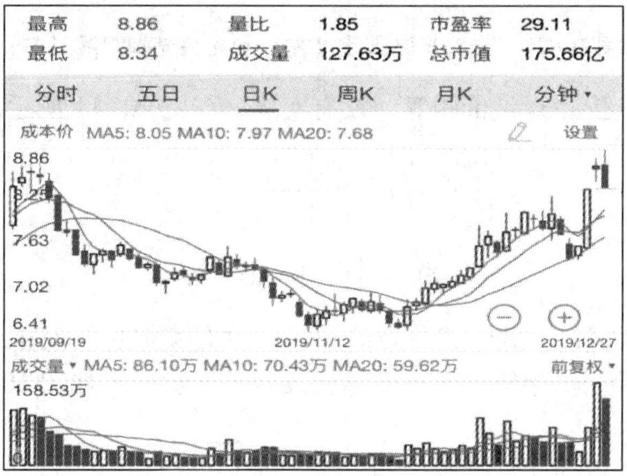

图10-6　太极实业日K线

（2）选择一个阳K线和一个阴K线，如图10-7所示，找出开盘价、最高价、最低价和收盘价，指出阳实体、阴实体，指出K线的上下影线，并说出其长短。

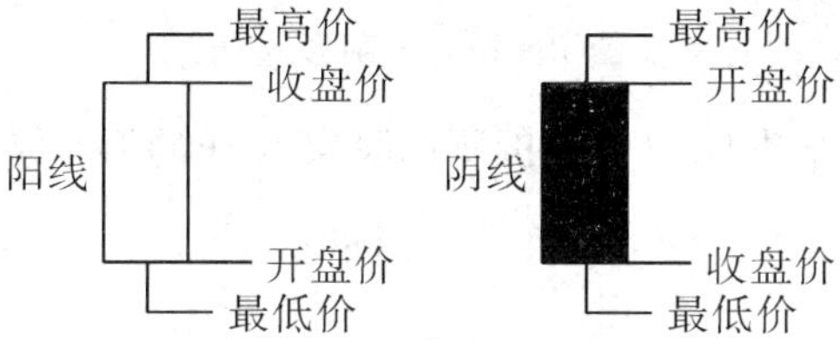

图10-7　K线分解示意图

（3）在所选择股票的K线图中找出下列形状的K线。

①光头阳线和光头阴线：没有上影线，收盘价或开盘价等于最高价，如图10-8所示。

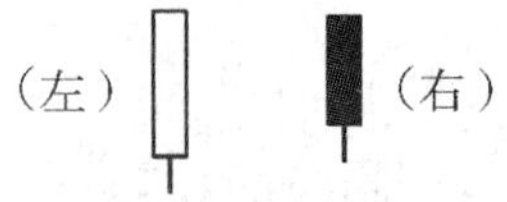

图 10-8　光头阳线（左）和光头阴线（右）

②光脚阳线和光脚阴线：没有下影线，开盘价或收盘价等于最低价，如图 10-9 所示。

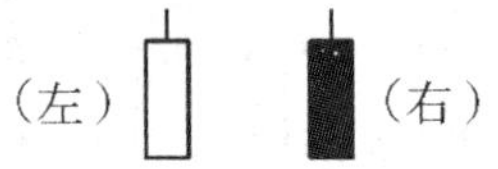

图 10-9　光脚阳线（左）和光脚阴线（右）

③光头光脚阳线和光头光脚阴线：没有上下影线，收盘价和开盘价分别与最高价和最低价中的一个价格相等，如图 10-10 所示。

图 10-10　光头光脚阳线（左）和光头光脚阴线（右）

④十字形：收盘价和开盘价相等，没有实体，如图 10-11 所示。

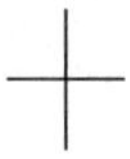

图 10-11　十字形 K 线

⑤T 字形：收盘价、开盘价和最高价相等，没有实体也没有上下影线。倒 T 字形：收盘价、开盘价和最低价相等，没有实体也没有上下影线，如图 10-12 所示。

图 10-12　倒 T 字形 K 线（左）和 T 字形 K 线（右）

⑥一字形：收盘价、开盘价、最高价和最低价相等，如图 10-13 所示。

图 10-13　一字形 K 线

（4）运用 K 线理论基本原理，分析所选股票 K 线的形状及变化趋势，指出 K 线与股票买卖时机。

四、实验分析及结论

（一）实验分析

1. 单根 K 线的应用

应用单根 K 线研判行情，主要从实体的长短、阴阳，上下影线的长短以及实体的长短与上下影线长短之间的关系等多个方面进行分析。

（1）大阳线实体和大阴线实体，如图 10-13 所示。

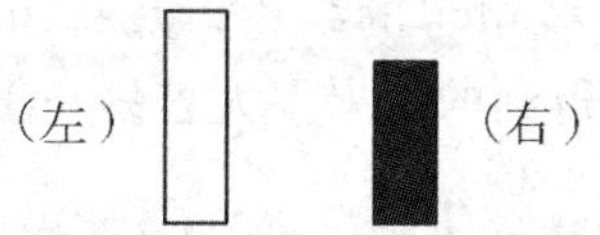

图 10-13　大阳线实体（左）和大阴线实体（右）

大阳线实体是大幅低开高收的阳线，实体很长以至于可以忽略上下影线的存在。这种 K 线说明多方已经取得决定性的胜利，这是一种上涨的信号。大阴线实体正好与大阳线实体相反，表明空方已经取得优势地位。

（2）十字星。

十字星如图 10-14 所示。

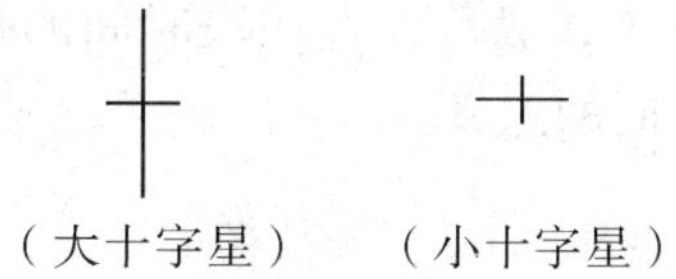

图 10-14　十字星

十字星的出现表明多空双方力量暂时平衡，使趋势暂时失去方向，但是十字星是一个值得警惕，随时可能改变趋势方向的 K 线图。十字星分为两种，一种是大十字星，它有很长的上下影线，表明多空双方斗争激烈，最后回到原处，后市往往有变化。另一种为小字星，它的上下影线较短，表明窄幅盘整，交易清淡。

2. 由多根 K 线的组合推测行情

首先，找第一根 K 线的开盘价对应的点；其次，找最后一根 K 线的收盘价对应的点；最后，将两点连接起来，连接线向上则为趋势向上，向下则为趋势向下。

3. 应用 K 线应注意的问题

K 线无论有多少根，都是对多空双方斗争做出的描述，由多根 K 线的组合得到的结论都是相对的，而不是绝对的。

我们会发现有时运用不同种类的组合会得到不同的结论，有时应用一种组合得到会下跌的结论，但是次日股价没有下跌，反而上涨。这时一个重要的原则就是尽量使用根数多的 K 线组合的结论，并将新的 K 线加进来重新进行分析判断。

（二）实验结论

K 线图反映的是一段时间以来买卖双方实际争斗的结果，投资者从中可以看出买卖双方斗争中力量的增减、风向的转变等。因此熟悉 K 线组合对市场走势的分析至关重要。投资者若能合理利用 K 线图并加以分析，将对证券投资发挥巨大作用。

无论是一根 K 线，还是两根、三根乃至更多根 K 线，都是对多空双方争斗做出的描述，由多根 K 线的组合得到的结论都是相对的，不是绝对的。对股票投资者而言，结论只是起一种建议作用。

在应用时，投资者有时会发现运用不同种类的组合会得到不同的结论。有时应用一种组合得到明天会下跌的结论，但是次日股价没有下跌，反而上涨。这时的一个重要原则是尽量使用根数多的 K 线组合的结论，并将新的 K 线加进来重新进行分析判断。一般说来，多根 K 线组合得到的结果不大容易与事实相反。

《证券投资分析》实验报告（六）

学生姓名：付瑜　　　指导教师：唐平

实验项目名称：运用 K 线理论及趋势分析股票

一、实验目的

掌握运用 K 线理论分析股票运行趋势的技巧。通过 K 线图，我们能够把每日或某一周期的市况表现完全记录下来，股价经过一段时间的盘档后，在图上即形成一种特殊形态，不同的形态显示出不同的意义。

二、实验要求

运用证券交易软件基本操作方法，熟悉股票系统的基本操作及掌握股票交易技能。运用 K 线理论的基本原理，分析股票多空双方力量大小。

三、实验步骤

（1）打开中银国际证券的证券交易软件，或进入“大智慧”，选择 300068（南都电源）的股票进行分析。

（2）点击日线，出现日 K 线图，如图 10-15 所示。

图 10-15　南都电源日 K 图

（3）运用 K 线理论对其进行分析。

K 线涉及的4个价格分别是：开盘价、最高价、最低价和收盘价。其中收盘价最为重要。K 线是一条柱状的线条，由影线和实体组成。中间的矩形部分是实体，实体的上下端为开盘价和收盘价。实体上方的直线为上影线，上端点是最高价。实体下方的直线为下影线，下端点是最低价。

根据开盘价和收盘价的关系，K 线又分为阳线和阴线，收盘价高于开盘价时为阳线，收盘价低于开盘价为阴线，如图 10-16 所示。

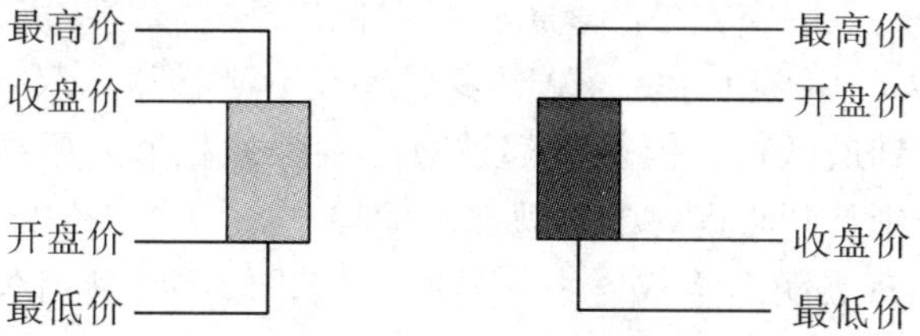

图 10-16　阳线、阴线示意图

（4）K 线的主要形状。

①光头阳(阴)线:没有上影线,收盘价或开盘价等于最高价,如图 10-17(左)所示。

②光脚阳(阴)线:没有下影线,开盘价或收盘价等于最低价,如图 10-17(右)所示。

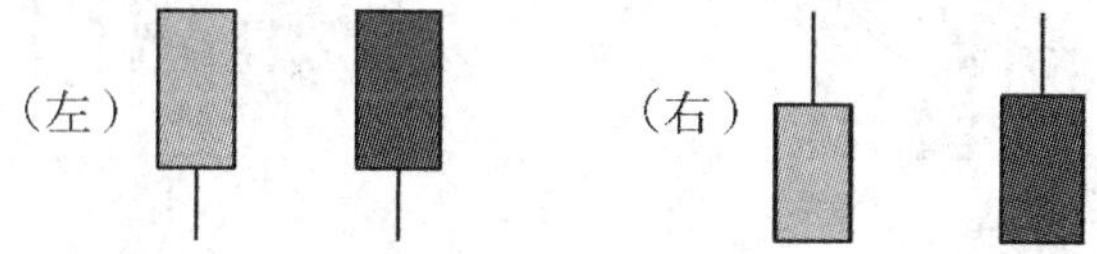

图 10-17　光头阳（阴）线和光脚阳（阴）线

③光头光脚的阳线和阴线：没有上下影线，收盘价和开盘价分别与最高价和最低价中的一个相等。十字形如图 10-18 所示。

④十字形：收盘价和开盘价相等，没有实体，如图 10-19 所示。

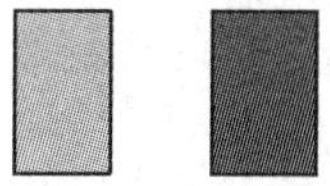

图 10-18　光头光脚的阳线和阴线

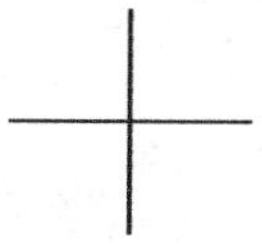

图 10-19　十字形

⑤T 字形：收盘价、开盘价和最高价相等，没有实体也没有上下影线，如图 10-22 所示。

⑥倒 T 字形：收盘价、开盘价和最低价相等，没有实体也没有上下影线，如图 10-21 所示。

⑦一字形：收盘价、开盘价、最高价和最低价相等，如图 10-22 所示。

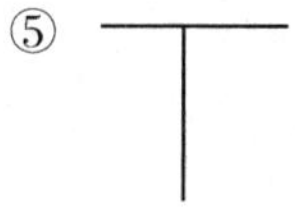

图 10-20　T 字形

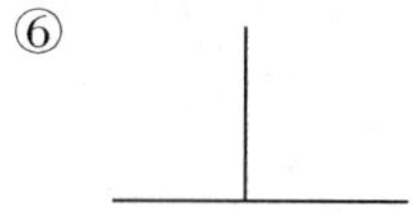

图 10-21　倒 T 字形

图 10-22　一字形

四、实验结论及分析

K 线图反映的是一段时间以来买卖双方实际争斗的结果，投资者从中可以看出买卖双方力量的增减、风向的转变等。熟悉这些 K 线组合对市场走势的分析至关重要。

（1）大阳线实体是大幅低开高收的阳线，实体很长以至于可以忽略上下影线的存在。这种 K 线说明多方已经取得决定性的胜利，这是一种上涨的信号。大阴线实体正好与大阳线实体相反，表明空方已经取得优势地位。

（2）有上下影线的阳线和阴线，说明多空双方争斗激烈。双方都一度占优势，把价格抬到最高价或压到最低价，但是又都被对方顽强地拉回。阳线是到了收尾时多方才勉强占优势，阴线则是到收尾时空方勉强占优势。

（3）十字星的出现表明多空双方力量暂时均衡，使趋势暂时失去方向，但十字星是一个值得警惕，随时可能改变趋势方向的 K 线图形。

（4）组合 K 线分析。将开盘价与收盘价相连，判断多空双方力强的强弱。

以上情况如图 10-23 所示。

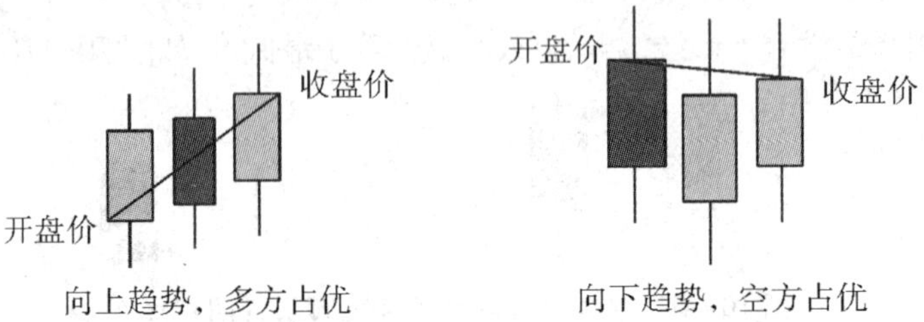

图 10-23　向上趋势，多方占优情况和向下趋势，空方占优情况

第十一章 证券投资技术指标实验

第一节 证券投资技术指标运用实验

一、实验目的

技术指标法是应用一定的数学公式，对原始数据进行处理，得出指标值，将指标值绘成图表，从定量的角度对股市进行预测的方法。学生应通过技术指标 MA、MACD、KDJ 分析股票，了解技术指标对股票运行趋势分析的作用；通过技术指标 OBV、RSI、WMS、PSY 对个股进行分析，掌握技术指标原理，分析股票运行趋势。

二、实验要求

学生运用证券交易软件基本操作方法，熟练掌握证券投资技术指标 MA、MACD、KDJ、OBV、RSI、WMS、PSY 的计算公式、技术特点、应用法则；了解股票的价格、成交量、时间和空间是用于技术分析的基本要素；正确理解技术指标分析必须与基本面的分析结合起来使用；理解任何技术指标都有自己的适应范围和应用条件，得出的结论也都有成立的前提和可能发生的意外。

三、实验原理

（1）“黄金交叉”与“死亡交叉”。当现在的行情价站稳在长期 MA 与短期 MA 之上，短期 MA 向上突破长期 MA 时，为买进信号，此种交叉称为“黄金交叉”；反之，若现在的行情价位于长期 MA 与短期 MA 之下，短期 MA 又向下突破长期 MA，则为卖出信号，此种交叉称为“死亡交叉”。原理类似于突破压力线或支撑线。

（2）DIF 和 DEA 均为正值时，属多头市场。DIF 向上突破 DEA 是买入信号；DIF 和 DEA 均为负值时，属空头市场。DIF 向下突破 DEA 是卖出信号；当 DIF 向下跌破零轴线时，为卖出信号。DIF 向上突破零轴线时，为买入信号。

（3）KDJ 指标主要是利用价格波动的真实波幅来反映价格走势的强弱和超买超卖的现象，是在价格尚未上升或下降之前发出买卖信号的一种技术工具。它在设计过程中主要是研究最高价、最低价和收盘价之间的关系，同时也融合了动量观念、强弱指标和移动平均线的一些优点。因此，投资者运用 KDJ 指标能够比较迅速、快捷、直观地研判行情。由于 KDJ 线本质上是一个随机波动的观念，故其对于掌握中短期行情走势比较有益。

（4）OBV 指标是将成交量数量化，制成趋势线，配合股价趋势线，从价格的变动及成交量的增减关系角度，反映市场气氛。其主要理论基础是市场价格的变化必须有成交量的配合，股价的波动与成交量的扩大或萎缩有密切的关联。通常股价上升所需的成交量总是较大；下跌时，成交量可能较大，也可能较小。价格升降而成交量不相应升降，则市场价格的变动难以为继。

（5）RSI 指标认为，任何市价的大涨或大跌，均在 0~100 变动。根据常态分配，RSI 值多在 30~70 变动，通常在 80 甚至 90 时被认为市场已到达超买状态，那么市场价格自然会回落调整。当 RSI 值跌至 30 以下即被认为是超卖状态，市价将出现反弹回升。

（6）当 WMS 指标的取值高于 80 时，市场处于超卖状态，行情即将见底，投资者应当考虑买进。当 WMS 指标的取值低于 20 时，市场处于超买状态，行情即将见顶，投资者应当考虑卖出。①在 WMS 指标进入低数值区位后（此时为超买），一般要回头。如果这时股价还继续上升，就会产生背离，是卖出的信号。②在 WMS 指标进入高数值区位后（此时为超卖），一般要反弹。如果这时股价还继续下降，就会产生背离，是买进的信号。③WMS 指标连续几次撞顶（底），局部形成双重或多重顶（底），则是卖出（买进）的信号。WMS 指标的顶部数值为 0，底部数值为 100。

（7）从 BIAS 指标的取值大小和正负考虑。一般来说，正的乖离率愈大，表示短期多头的获利愈大，获利回吐的可能性愈高；负的乖离率愈大，则空头回补的可能性也愈高。从 BIAS 的曲线形状方面考虑。形态学和切线理论在 BIAS 也适用，主要是运用顶背离和底背离的原理，顶背离是卖出信号，底背离是买入信号，从两条 BIAS 线结合方面考虑。短期 BIAS 在高位下穿长期 BIAS 是卖出信号；短期 BIAS 在低位上穿长期 BIAS 是买入信号。

（8）PSY（N）的取值在 25~75，说明多空双方基本处于均衡状态。如果 PSY(N)的取值超出了这个范围,则是超卖或超买。PSY(N)的取值过高或过低,都是行动的信号。一般来说,如果出现 PSY(N)<10 或 PSY(N)>90 这两种极端情况,则是强烈的买入和卖出信号。PSY(N)的取值第一次进入采取行动的区域时,往往容易出错。一般都要求 PSY(N)进入高位或低位两次以上才能采取行动。PSY 的曲线如果在低位或高位出现大的 W 底或 M 头，也是买入或卖出的行动信号。PSY 指标一般可同股价曲线配合使用，这时，前面讲到的背离原则在 PSY 中也同样适用。

四、实验学时

实训学时数一共 4 学时，学时分布情况：教师讲授占 5%，案例分析占 25%，学生项目设计占 70%。

五、实验步骤

（1）登录证券交易软件，如“大智慧”，或打开中银国际证券的证券交易软件。

（2）选择 000333 美的集团股票进行分析，如图 11-1 所示。

（3）运用 MA 技术指标分析美的集团股票，理解该股票在一定时期内的平均价格。在图中指出 MA 的追踪趋势、滞后性、稳定性、助涨助跌的特性。

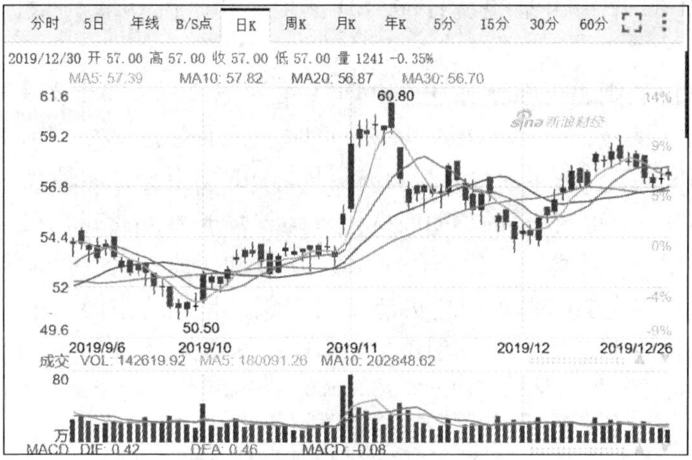

图 11-1　美的集团股票日 K 线

MA 的组合应用指出该股票的“黄金交叉”和“死亡交叉”。理解当行情价站稳在长期 MA 和短期 MA 之上，短期 MA 向上突破长期 MA 时，为买进信号，此种交叉称为“黄金交叉”；若此行情价位于长期 MA 和短期 MA 之下，短期 MA 又向下突破长期 MA，则为卖出信号，此种交叉称为“死亡交叉”。

（4）运用 MACD 指标分析美的集团股票，正确理解 MACD 是由正负差（DIF）和异同平均数（DEA）组成，DIF 是核心，DEA 是辅助。DIF 是快速移动平均线和慢速平滑移动平均线的差。一般取 12 日和 26 日的 EMA 分别作为快速和慢速移动平均线，两者的差为 DIF。美的集团股票 MACD 指标详见图 11-2。

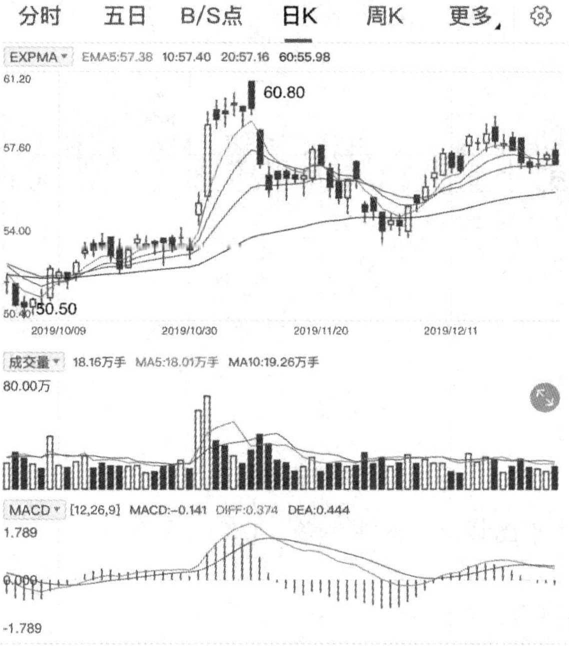

图 11-2　美的集团股票 MACD 指标

能够在图 11-2 中指出某交易日 MACD 的值、DIF 和 DEA 的值，以及它们之间的差。

运用 MACD 的法则，正确理解 DIF 和 DEA 均为正值时，属于多头市场。DIF 向上突破 DEA，是买入信号；DIF 和 DEA 均为负值时，属于空头市场。DIF 向下突破 DEA，是卖出信号。DIF 向下跌破零轴线，为卖出信号。DIF 向上穿越零轴线，为买入信号。

（5）运用 KDJ 指标分析美的集团股票，正确理解 KDJ 指标是以最高价、最低价及收盘价为基本数据进行计算，并得出的 K 值、D 值和 J 值。它主要是利用价格波动的真实波幅来反映价格走势的强弱和超买超卖的现象，是在价格尚未上升或下降之前发出买卖信号的一种技术工具。美的集团股票 KDJ 指标详见图 11-3。

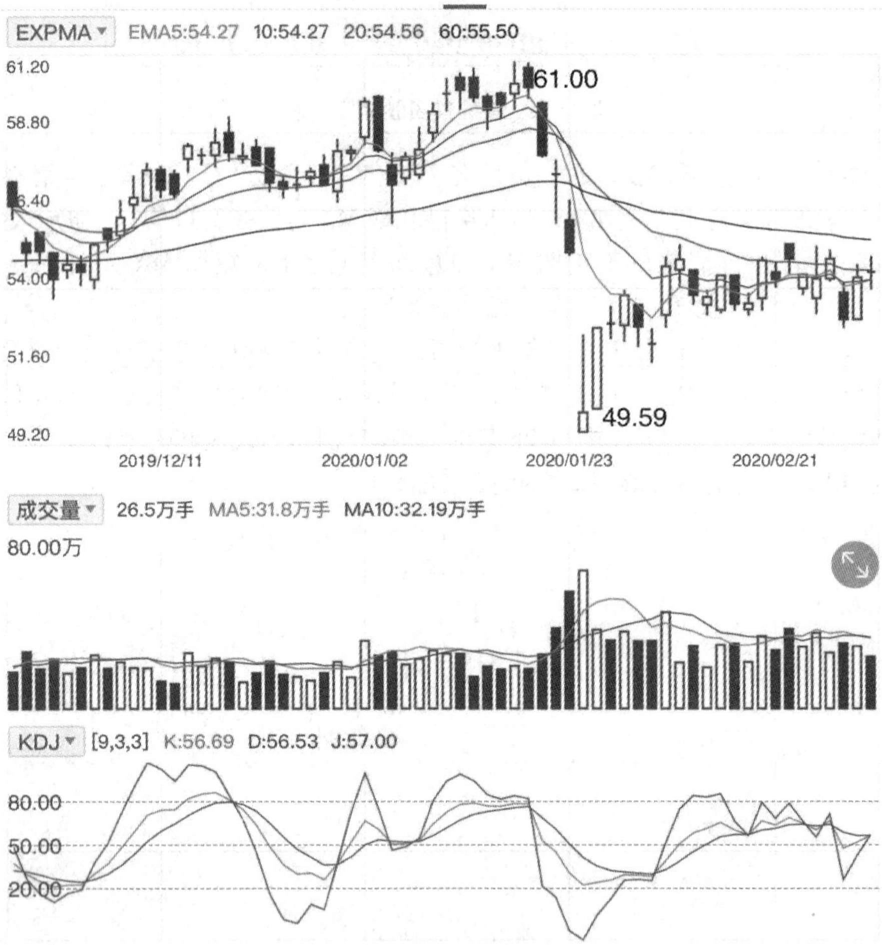

图 11-3　美的集团股票 KDJ 指标

能够在图 11-3 中指出某交易日的 K 值、D 值、J 值分别是多少，以及它们组合使用的意义。

正确理解上涨趋势中，K 值大于 D 值，K 线向上突破 D 线时，为买进信号。下跌趋势中，K 值小于 D 值，K 线向下跌破 D 线时，为卖出信号。当随机指标与股价出现背离时，一般为转势的信号。K 值和 D 值上升或者下跌的速度减弱，倾斜度趋于平缓是短期转势的预警信号。

（6）运用威廉指标（WMS 指标）分析美的集团股票，正确理解威廉指标表示当天的收盘价在过去一段时期内全部价格范围内所处的相对位置。如果 WMS 指标的值较小，则当天的价格就处于相对较高的位置，要当心回落；相反，就要注意反弹。WMS 指标的取值范围是 0~100。WMS 指标参数 n 的选择至少是循环周期的一半，但中国股市的循环周期尚无明确的共识，因此投资者应多选几个参数尝试。美的集团股票 WMS 指标详见图 11-4。

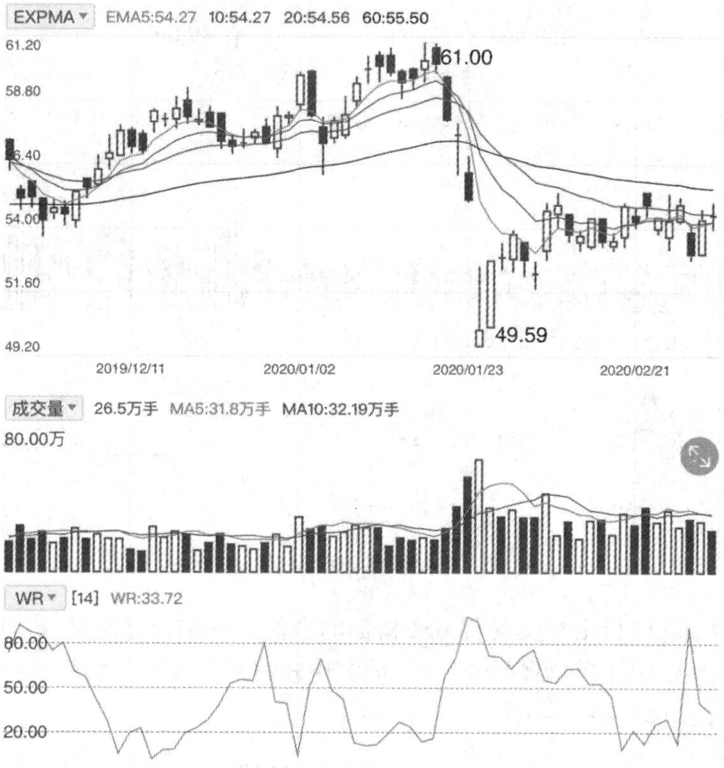

图 11-4　美的集团股票 WMS 指标

能够在图 11-4 中指出某交易日威廉指标所对应的数值，并理解其所表达的含义。

正确理解当 WMS 趋近 80 或高于 80，说明股市处于超卖状态，有可能见底反弹，可以考虑买进；当 WMS 趋近 20 或低于 20 说明股市处于超买状态，有可能见顶下跌，考虑卖出；50 是 WMS 的中轴线，当 WMS 刚刚向上超出 50 或趋近 50 时，表示股市看跌；当 WMS 刚刚向下低出 50 或趋近 50 时，表示股市看涨。

（7）运用相对强弱指标（RSI 指标）分析美的集团股票，正确理解 RSI 指标是以一定时期内股价的变动情况推测价格未来的变动方向，并根据股价涨跌幅度显示市场的强弱。RSI 指标表示向上波动的总量在总的波动量中所占的百分比。如果其占的比例大就是强市，否则就是弱市。美的集团股票 RSI 指标详见图 11-5。

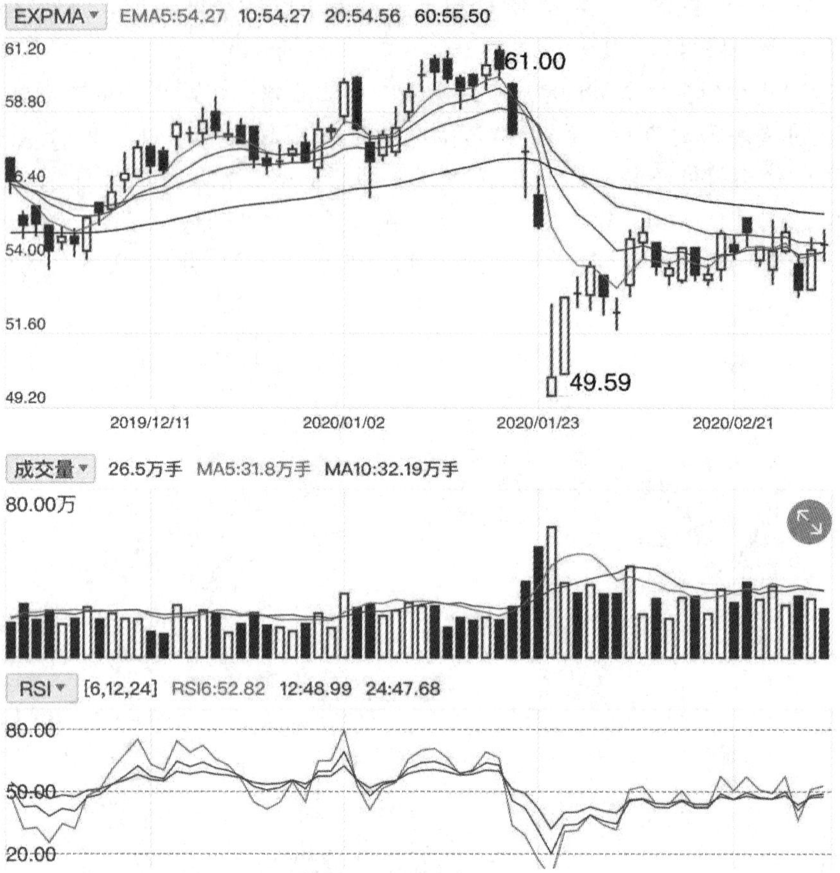

图 11-5 美的集团股票 RSI 指标

能够在图 11-5 中指出某交易日 RSI 指标的数值，并结合原则进行运用。

运用 RSI 指标取值的大小判断行情。将 100 分成四个区域，根据 RSI 指标取值对应的区域进行操作，详见表 11-1。

表 11-1 RSI 指标取值应用表

RSI 值	市场特征	投资操作
80~100	极强	卖出
50~80	强	买入
20~50	弱	卖出
0~20	极弱	买入
RSI 值	市场特征	投资操作

“极强”与“强”的分界线和“极弱”与“弱”的分界线是不明确的，它们实际上属于同一个区域。比如，也可以取 30、70 或者 15、85。应该说明的是，分界线位置的确定与 RSI 指标的参数和选择的股票有关。一般而言，参数越大，分界线离 50 越近；

股票越活跃，RSI 指标能达到的高度越高，分界线离 50 应该越远。从 RSI 指标与股价的背离方面判断行情。RSI 指标处于高位并形成一峰比一峰低的两个峰，股价对应的却是一峰比一峰高的两个峰，为顶背离，是比较强烈的卖出信号。与此相反的是底背离：RSI 在低位形成两个底部抬高的谷底，而股价还在下降，是可以买入的信号。

（8）运用乖离率（BIAS）指标分析美的集团股票，正确理解 BIAS 指标是测算股价与移动平均线偏离程度的指标。

美的集团股票 BIAS 指标如图 11-6 所示。

图 11-6　美的集团股票 BIAS 指标

能够正确理解正的乖离率愈大，表示短期多头的获利愈大，获利回吐的可能性愈高；负的乖离率愈大，则空头回补的可能性也愈高。

能够在图 11-6 中，指出某交易日 BIAS 指标的数值，并对照表 11-2，判断美的集团股票的买卖时机。

表 11-2　BIAS 指标应用图

日期	买入信号%	卖出信号%
5 日	-3	3.5
10 日	-4	5
20 日	-7	8
60 日	-10	10

（9）运用能量潮（OBV）指标分析美的集团股票，正确理解 OBV 指标的理论基础是市场价格的有效变动必须有成交量配合，量是价的先行指标。利用 OBV 指标可以验证当前股价走势的可靠性，并可以得到趋势可能反转的信号。比起单独使用成交量，OBV 指标看得更清楚。美的集团股票 OBV 指标见图 11-7。

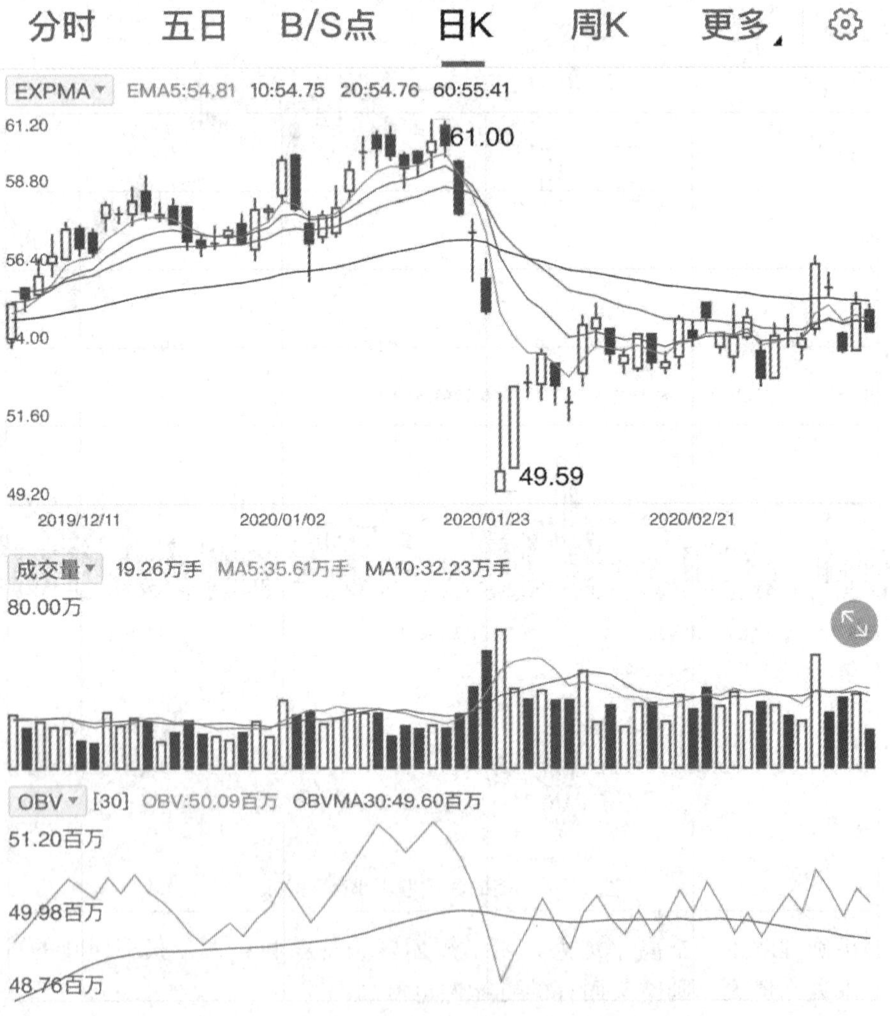

图 11-7　美的集团股票 OBV 指标

能够在图 11-7 中，指出某交易日 OBV 指标的数值，结合股票价格判断美的集团股票的变化趋势。

能够正确理解 OBV 指标不能单独使用，必须与股价曲线结合使用才能发挥作用；当股价上升，OBV 指标也上升。当股价上升，OBV 指标却下降，出现背离的现象，则股价可能反转。

（10）运用心理线（PSY）指标分析美的集团股票，正确理解 PSY 指标是将一定时期内投资者看多或看空的心理事实转化为数值，来研判股价未来走势的技术指标。美的集团股票 PSY 指标见图 11-8。

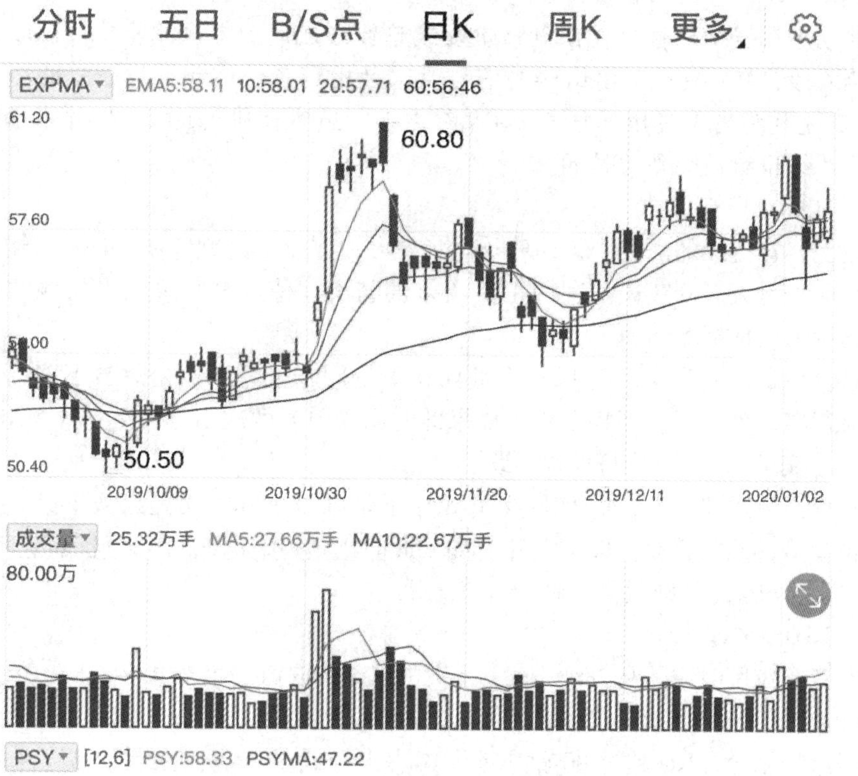

图 11-8　美的集团股票 PSY 指标

能够在图 11-8 中，指出某交易日 PSY 指标的数值，结合 PSY 指标的运用法则，判断美的集团股票的买卖时机。

能够正确理解如果 PSY（N）的取值超出了这个平衡状态，则是超卖或超买；PSY（N）的取值过高或过低，都是行动的信号。

六、实验分析及结论

（1）MA 指标。

在空头市场中，经过长时间的下跌，股价与 10 日短期移动平均线、50 日中期移动平均线、250 日长期移动平均线的排列关系如下：从下到上依次为股价、10 日短期移动平均线、50 日中期移动平均线和 250 日长期移动平均线。若股市出现转机，股价开始回升，10 日短期移动平均线是反应最敏感的，最先跟着股价从下跌转为上升；随着股价继续攀升，50 日中期移动平均线才开始转为向上方移动；至于 250 日长期移动平均线的方向改变，则意味股市的基本趋势的转变，多头市场的来临。

①方向不一致的情况：当股价开始整理盘旋后，短期移动平均线、中期移动平均线很容易与股价缠绕在一起，不能正确指明运动方向。另一种不协调的现象是中期移动平均线向上移动，股价和短期移动平均线向下移动，这表明股市上升趋势并未改变，暂时出现回档调整现象。只有当股价和短期移动平均线相继跌破中期移动平均线，并且中期移动平均线亦有向下反转之迹象时，上升趋势才会改变。

②移动平均线指标盲点：在盘整阶段或趋势形成后、中途休整阶段，以及局部反弹或回落阶段，MA 极易发出错误的信号，这是投资者使用 MA 时最应该注意的。另外，MA 只是作为支撑线和压力线站在某线之上，虽然有利于上涨，但并不是说就一定会涨，支撑线也有被突破的时候。

（2）MACD 指标。

理论上，在持续的涨势中，DIF 会愈来愈大；在持续的跌势中，DIF 可能变负，其绝对值也愈来愈大。MACD 是利用正负离差值与离差值的 9 日移动平均线的交叉信号作为买卖行为的依据。

当股价指数逐波升高，而 DIF 及 MACD 不是同步上升，而是逐波下降，与股价走势形成顶背离，预示股价即将下跌。如果此时出现 DIF 两次由上向下穿过 MACD，形成两次“死亡交叉”，则股价将大幅下跌。

当股价指数逐波下行，而 DIF 及 MACD 不是同步下降，而是逐波上升，与股价走势形成底背离，预示着股价即将上涨。如果此时出现 DIF 两次由下向上穿过 MACD，形成两次“黄金交叉”，则股价即将大幅度上涨。

（3）KDJ 指标。

投资者在应用时主要从五个方面进行考虑：KD 取值的绝对数字，KD 曲线的形态，KD 指标的交叉，KD 指标的背离，J 指标的取值大小。

根据这种划分，KD 超过 80 就应该考虑卖出，低于 20 就应该考虑买入。这种操作是很简单的，同时又是很容易出错的，完全按这种方法进行操作很容易招致损失。大多数对 KD 指标了解不深入的人，以为 KD 指标的操作就限于此，故而对 KD 指标的作用产生误解。应该说明的是，上述对 0~100 的划分只是一个应用 KD 指标的初步过程，仅仅是信号。

KDJ 指标所能得出的最强信号之一是偏差，也就是说 K 值在 80 以上时股价还有可能进一步上升，如果投资者过早卖出股票，将会损失一些利润；K 值在 20 以下时，股价还有可能进一步下跌，如果投资者过早买进股票有可能被套。此时 KDJ 指标参考价值降低，投资者应该因时因势分析，同时将其他指标与随机指标结合起来使用。

（4）WMS 指标。

WMS 指标的参数 N 的选择至少是循环周期的一半，但对中国股市的循环周期，我国尚无明确的共识，因此投资者应多选几个参数尝试。盘整过程中，WMS 的准确性较高；在上升或下降趋势中，投资者不能只以其作为行情判断的依据。

在 WMS 指标进入低数值区位后（此时为超买），一般要回头。如果这时股价还继续上升，就会产生背离，是卖出的信号。在 WMS 指标进入高数值区位后（此时为超卖），一般要反弹。如果这时股价还继续下降，就会产生背离，是买进的信号。WMS 指标连续几次撞顶（底），局部形成双重或多重顶（底），则是卖出（买进）的信号。

（5）RSI 指标。

“极强”与“强”的分界线和“极弱”与“弱”的分界线是不明确的，它们实际上属于同一个区域。比如，也可以取 30、70 或者 15、85。应该说明的是，分界线位置的确定与 RSI 指标的参数和选择的股票有关。一般而言，参数越大，分界线离 50 越近；股票越活跃，RSI 指标能达到的高度越高，分界线离 50 应该越远。

两条或多条 RSI 曲线的联合使用法则与两条移动平均线的使用法则相同。

从 RSI 指标的曲线形状判断行情：当 RSI 指标在较高或较低的位置形成头肩形和多重顶（底），是采取行动的信号。这些形态一定要出现在较高位置和较低位置，离 50 越远，结论越可靠。

从 RSI 指标与股价的背离方面判断行情：RSI 指标处于高位并形成一峰比一峰低的两个峰，股价对应的却是一峰比一峰高的两个峰，此时为顶背离，是比较强烈的卖出信号。与此相反的是底背离：RSI 指标在低位形成两个底部抬高的谷底，而股价还在下降，是可以买入的信号。

（6）BIAS 指标。

一般而言，在弱势市场上，股价的 5 日乖离率超过-5，表示股价超卖现象出现，可以考虑开始买入股票；而当股价的 5 日乖离率超过 5，表示股价超买现象出现，可以考虑卖出股票。

在强势市场上，股价的 5 日乖离率超过-10，表示股价超卖现象出现，为短线买入机会；当股价的 5 日乖离率超过 10，表示股价超买现象出现，为短线卖出股票的机会。

结合我国沪深股市的实际，在一些暴涨暴跌的时机，对于综合指数而言，当 10 日乖离率大于 10 时，预示股价指数已经出现超买现象，可开始逢高卖出股票，当 10 日乖离率小于-5 时，预示股价指数已经出现超卖现象，可开始逢低吸纳股票。而对于个股而言，当 10 日乖离率大于 15 为短线卖出时机，当 10 日乖离率小于-10 为短线买入时机。

（7）OBV 指标。

当股价上升而 OBV 指标下降，表示买盘无力，股价可能会回跌。当股价下降而 OBV 指标上升，表示买盘旺盛，股价可能会止跌回升。

OBV 指标缓慢上升，表示力量逐渐加强，为买进信号。OBV 指标急速上升，表示力量将用尽，为卖出信号。

OBV 从正的累积数转为负数时，为下跌趋势，投资者应该卖出持有股票。反之，OBV 指标从负的累积数转为正数时，投资者应该买进股票。

OBV 指标最大的用处在于观察盘局整理后，股市何时会脱离盘局以及脱离盘局后的未来走势。OBV 指标的变动方向是重要参考指数，其具体的数值并无实际意义。

OBV 指标对双重顶第二个高峰的确定有较为明确的信号，当股价自双重顶第一个高峰下跌又回升时，如果 OBV 指标能够随股价趋势同步上升且价量配合，则多头市场可以持续并出现更高峰。相反，当股价回升时 OBV 指标未能同步配合，却见下降，则可能形成第二个顶峰，完成双重顶的形态，导致股价反转下跌。

（8）PSY 指标。

一段下跌（上升）行情展开前，超买（超卖）的最高（低）点通常会出现两次。第二次出现超买（超卖）的最高（低）点时，一般是卖出（买进）时机。由于 PSY 指标具有这种高点密集出现的特性，可给投资者带来充裕时间进行研判与介入。

PSY 指标取值在 25~75 为常态分布。PSY 指标主要反映市场心理的超买超卖，因此，当 PSY 指标在常态区域内上下移动时，投资者一般应持观望态度。PSY 指标超过 75 或低于 25 时，表明股价开始步入超买区或超卖区，此时投资者需要留心其动向。当 PSY 指标取值超过 83 或低于 17 时，表明市场出现超买区或超卖区，价位回跌或回升的机会增加，投资者应该准备卖出或买进，不必在意是否出现第二次信号。这种情况在个股中比较多见。当 PSY 指标百分比值小于 10，是极度超卖。抢反弹的机会相对增加，此时为短期较佳的买进时机；反之，如果 PSY 指标百分比值大于 90，则是极度超买。此时为短期卖出的有利时机。

第二节　证券投资技术指标运用实验案例

《证券投资分析》实验报告（七）

学生姓名：李艾櫺　　　指导教师：唐平

实验项目名称：运用技术指标 MA、MACD、KDJ 分析股票

一、实验目的

技术指标法是应用一定的数学公式，对原始数据进行处理，得出指标值，将指标值绘成图表，从定量的角度对股市进行预测的方法。学生利用技术指标 MA、MACD、KDJ 分析股票，明确技术指标对股票运行趋势分析的作用。

二、实验要求

学生运用证券交易软件基本操作方法，熟练掌握证券投资技术指标 MA、MACD、KDJ 的计算公式、技术特点、应用法则；了解股票的价格、成交量、时间和空间是用于技术分析的基本要素；正确理解技术指标分析必须与基本面的分析结合起来使用；理解任何技术指标都有自己的适应范围和应用条件，得出的结论也都有成立的前提和可能发生的意外。

三、实验步骤

（1）登录“大智慧”，或打开中银国际证券的证券交易软件。

（2）选择 600519（贵州茅台）股票进行分析。

（3）移动平均线（MA）指标：将一定时期内的证券价格加以平均，并把不同时间的平均值连接起来，形成一根线。贵州茅台股票 MA 指标如图 11-7 所示。

图 11-7　贵州茅台股票 MA 指标

MA 的特点：追踪趋势、滞后性、稳定性、助涨助跌性。

MA 的组合应用：“黄金交叉”和“死亡交叉”。

①“黄金交叉”。股价在长短期 MA 之上，短期 MA 向上突破长期 MA，为买进信号。

②“死亡交叉”。股价在长短期 MA 之下，短期 MA 向下突破长期 MA，为卖出信号。

③多头排列。当移动平均线在处于上升趋势的市价线下方，依次由上往下排列时，构成多头排列。行情涨多跌少，对后市有利。

④空头排列。当移动平均线在处于下跌趋势的市价线上方，依次由下往上排列时，构成空头排列。行情跌多涨少，后市看淡。

（4）指数平滑异同移动平均线（MACD）指标：MACD 是由正负差（DIF）和异同平均数（DEA）组成，DIF 是核心，DEA 是辅助。DIF 是快速移动平均线和慢速平滑移动平均线的差值。一般取 12 日和 26 日的 EMA 分别作为快速移动平均线和慢速移动平均线，两者的差值为 DIF。贵州茅台股票 MACD 指标如图 11-8 所示。

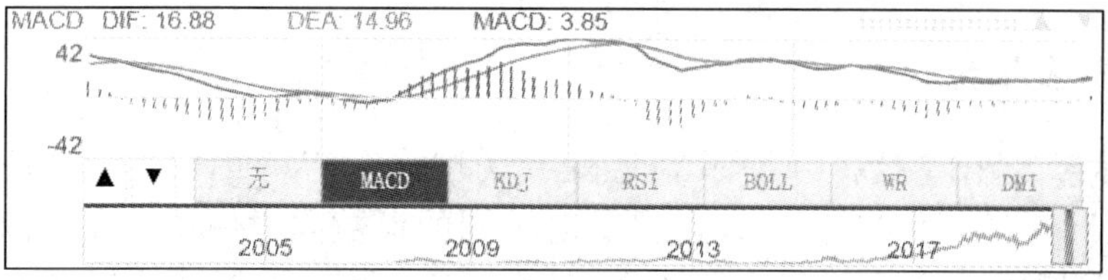

图 11-8　贵州茅台股票 MACD 指标

MACD 指标的应用法则如下：

①DIF 和 DEA 均为正值时，属于多头市场。DIF 向上突破 DEA 为买入信号；向下突破只能被认为是回落，做获利了结。

②DIF 和 DEA 均为负值时，属于空头市场。DIF 向下跌破 DEA 为卖出信号；向上突破只能被认为是反弹，做暂时补空。

③当 DIF 向下跌破 0 轴线时，为卖出信号；当 DIF 向上突破 0 轴线时，为买入信号。

④若 DIF 的走向与股价走向相背离，则应采取行动。股价出现 2 个或 3 个近期低点，而 DIF（DEA）并不配合出现新低点，可买入；反之可卖出。

（5）KDJ 指标又叫随机指标，以最高价、最低价及收盘价为基本数据进行计算，得出的 K 值、D 值和 J 值分别在指标的坐标系上形成一个点，连接无数个这样的点，就形成一个完整的、能反映价格波动趋势的 KDJ 指标。它主要是利用价格波动的真实波幅来反映价格走势的强弱和超买超卖现象，是在价格尚未上升或下降之前发出买卖信号的一种技术工具。贵州茅台股票 KDJ 指标如图 11-9 所示。

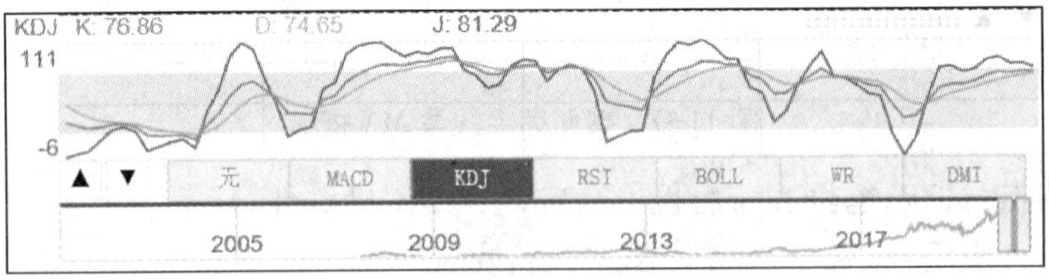

图 11-9　贵州茅台股票 KDJ 指标

KD 指标应用：

①取值：KD 值大于 80 为超买，小于 20 为超卖；J 值大于 100 为超买，小于 0 为超卖。

②形态：KD 指标在较高或较低位置形成头肩顶和多重顶（底）时，投资者应采取行动。对 KD 指标也可画趋势线。

③交叉：当 K 线自下向上突破 D 线时，是买进信号；反之，当 K 线自上向下跌破 D 线时，是卖出信号。突破在 80 以上或 20 以下较为准确，当各交叉突破在 50 左右发生，走势又陷入盘局时，买卖信号应视为无效；交叉次数以 2 次为最少；K 线在 D 线已经抬头向上（向下）时才相交更可靠。

④背离：与股价背离（顶背离，底背离）。

⑤当 K 线的倾斜度趋于平缓时，为短期转势的警告信号。

四、实验分析及结论

MA 指标与指数平均数（EXPMA）、变异平均线（VMA）相互配合使用，可以更准确地判研行情。使用 MA 指标，通常是对不同的参数同时使用，在国内股市中，常利用的移动平均线组合为 5 日（黄色）、10 日（紫色）、30 日（绿色）、60 日（白色）、120 日（蓝色）、250 日（红色）线。

MACD 指标作为中长期分析的手段，它产生的交叉信号对短线买卖比较滞后。它由长期移动平均线 DEA，短期移动平均线 DIF，红色能量柱（多头），绿色能量柱（空头），0 轴（多空分界线）五部分组成。它是利用短期移动平均线 DIF 与长期移动平均线 DEA 交叉作为信号。MACD 指标产生的交叉信号较迟钝，而将其作为制定相应的交易策略的参考，使用效果较好。

KDJ 指标能得出的最强信号之一是偏差，也就是说 K 值在 80 以上时股价还有可能进一步上升，如果投资者过早卖出股票，将会损失一些利润；K 值在 20 以下时，股价还有可能进一步下跌，如果投资者过早买进股票有可能被套。此时 KDJ 指标的参考价值降低，投资者应该因时因势分析，同时将其他指标与 KDJ 指标结合起来使用。

所以投资者在利用技术指标 MA、MACD、KDJ 分析股票时，不应只单独看好某一项指标，应该把其他指标都纳入分析范围，综合分析股票价格的变动趋势。最后判断买卖的时机。

《证券投资分析》实验报告（八）

学生姓名：吴莎　　　指导教师：唐平

实验项目名称：运用技术指标 MA、MACD、KDJ 分析股票

一、实验目的

技术指标法是应用一定的数学公式，对原始数据进行处理，得出指标值，将指标值绘成图表，从定量的角度对股市进行预测的方法。学生利用技术指标 MA、MACD、KDJ 分析股票，掌握技术指标对股票运行趋势分析的作用。

二、实验要求

学生运用证券交易软件基本操作方法，熟练掌握证券投资技术指标 MA、MACD、KDJ 的计算公式、技术特点、应用法则；了解股票的价格、成交量、时间和空间是用于技术分析的基本要素；正确理解技术指标分析必须与基本面的分析结合起来使用；理解任何技术指标都有自己的适应范围和应用条件，得出的结论也都有成立的前提和可能发生的意外。

三、实验步骤

（1）登录“大智慧”，或打开中银国际证券的手机软件。

（2）选择 002961（瑞达期货）股票进行分析。

（3）移动平均线（MA）指标：是用统计分析的方法，将一定时期内的证券价格（指数）加以平均，并把不同时间的平均值连接起来，形成一根线，用以观察证券价格变动趋势。瑞达期货股票 MA 指标如图 11-10 所示。

MA 的特点：追踪趋势、滞后性、稳定性、助涨助跌性。（注：MA 反映股票的成本，股价低于移动平均线，则亏损，反之，MA 高于移动平均线，则赚钱。）

MA 的组合应用：

“黄金交叉”。行情价站稳在长期 MA 和短期 MA 之上，短期 MA 向上突破长期 MA 时，为买进信号，此种交叉称为“黄金交叉”，是买入时机。

“死亡交叉”。行情价位于长期 MA 和短期 MA 之下，短期 MA 又向下突破长期

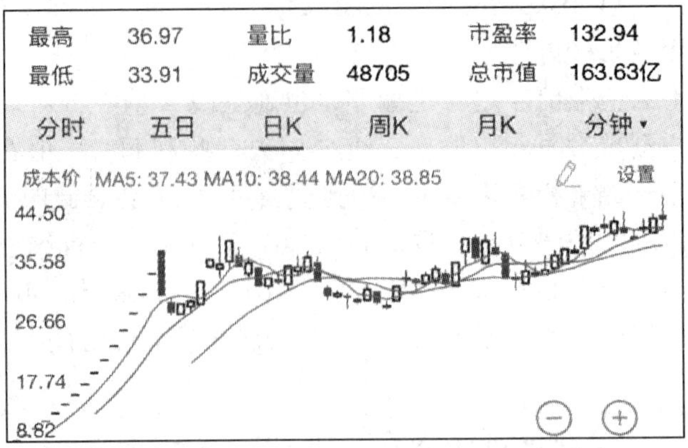

图 11-10 瑞达期货股票 MA 指标

MA，则为卖出信号，此种交叉称为“死亡交叉”，是卖出时机。

（4）指数平滑异同移动平均线（MACD）指标：MACD 是由正负差（DIF）和异同平均数（DEA）组成，DIF 是核心，DEA 是辅助。常用：DIF=EMA（12）-EMA（26）。

DIF 是快速移动平均线和慢速平滑移动平均线的差值。一般取 12 日和 26 日的 EMA 分别作为快速移动平均线和慢速移动平均线，两者的差值为 DIF（离差值），是研判行情的基础。理论上，在持续的涨势中，DIF 会越来越大；反之，在持续的跌势中，DIF 可能变为负，其绝对值也越来越大。“黄金交叉”点越低越可靠、“死亡交叉”点越高越可靠。瑞达期货股票 MACD 指标如图 11-11 所示。

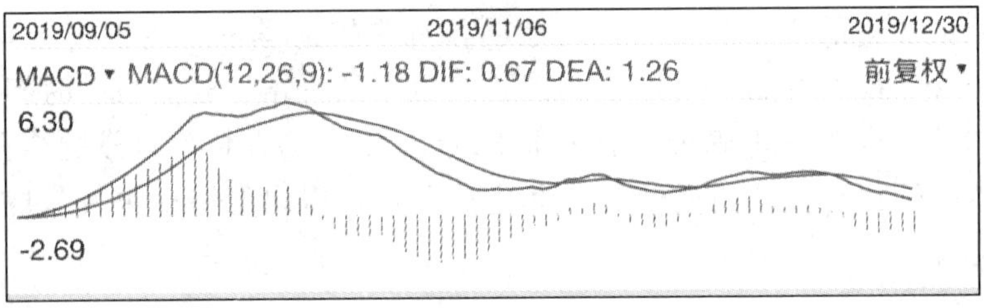

图 11-11 瑞达期货股票 MACD 指标

MACD 指标的应用法则：

DIF 和 DEA 均为正值时，属于多头市场。DIF 向上突破 DEA 是买入信号。

DIF 和 DEA 均为负值时，属于空头市场。DIF 向下突破 DEA 是卖出信号。

DIF 向下跌破零轴线，为卖出信号。DIF 向上突破零轴线，为买入信号。

顶背离：当股价指数逐波升高，而 DIF 和 MACD 不是同步上升，而是逐波下降，与股价走势形成顶背离，预示股价即将下跌。

底背离：当股价指数逐波下行，而 DIF 和 MACD 不是同步下降，而是逐波上升，与股价走势形成底背离，预示股价即将上涨。

（5）KDJ 指标又叫随机指标，在实践中，投资者将 K 线和 D 线配合 J 线组成 KDJ 指标来使用，即以最高价、最低价及收盘价为基本数据进行计算，得出的 K 值、D 值和 J 值分别在指标的坐标系上形成一个点，连接无数个这样的点，就形成一个完整的、能反映价格波动趋势的 KDJ 指标。KDJ 指标被广泛用于股市的中短期趋势分析，是期货和股票市场最常用的技术分析工具。

KDJ 指标主要是利用价格波动的真实波幅来反映价格走势的强弱和超买超卖现象，得在价格尚未上升或下降之前发出买卖信号的一种技术工具。

KDJ 指标在运用时主要考虑 5 个方面：KD 取值的绝对数字，KD 曲线的形态，KD 指标的交叉，KD 指标的背离及 J 指标的取值大小。瑞达期货股票 KDJ 指标如图 11-12 所示。

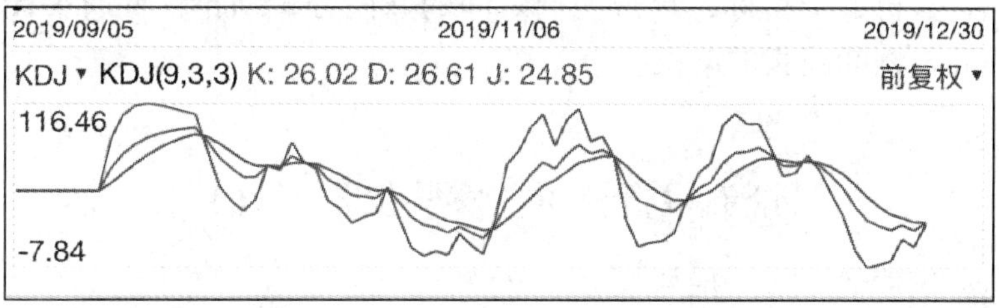

图 11-12　瑞达期货股票 KDJ 指标

KD 取值范围为 0~100。80 以上为超买区，应该考虑买进；20 以下为超卖区，应该考虑卖出，其余为徘徊期。上涨趋势中，K 值大于 D 值，K 线向上突破 D 线，为买进信号，交叉的位置越低越好、交叉的次数越多越好、右侧相交比左侧相交好。下跌趋势中，K 值小于 D 值，K 线向下跌破 D 线，为卖出信号，与买入信号相关情况相反，不再赘述。当随机指标与股价出现背离时，一般为转势的信号。K 值和 D 值上升或者下跌的速度减弱，倾斜度趋于平缓是短期转势的预警信号。当 KD 处在高位或低位，若出现与股价走向的背离，为采取行动的信号，顶背离为卖出信号，底背离为买入信号。

四、实验结论及分析

MA 指标是目前股票市场实用性最强、应用范围最广泛，也是计算最简便的方法。它反映股票的成本，投资者将其与指数平均数（EXPMA）、变异平均线（VMA）相互配合使用，可以更准确地判研行情。根据计算期的长短，可分为短期、中期和长期移动平均线。常利用的移动平均线组合为 5 日（黄色）、10 日（紫色）、30 日（绿色）、60 日（白色）、120 日（蓝色）、250 日（红色）线。一般把短期移动平均线称为快速 MA，长期移动平均线称为慢速 MA。

MACD 指标作为中长期分析的手段，它产生的交叉信号，对短线买卖比较滞后。一般取 12 日和 26 日的 EMA 分别作为快速和慢速移动平均线，两者的差值为 DIF（离差值），是研判行情的基础。它由长期移动平均线 DEA，短期移动平均线 DIF，红色能量柱（多头），绿色能量柱（空头），0 轴（多空分界线）五部分组成。它是利用短期移动平均线 DIF 与长期移动平均线 DEA 交叉作为信号。DIF 向上突破 DEA，是买入信号；DIF 向下突破 DEA，是卖出信号。MACD 指标产生的交叉信号较迟钝，而将其作为制定相应的交易策略的参考，使用效果较好。

KDJ 指标主要研究最高价、最低价、和收盘价之间的关系。上涨趋势中，K 值大于 D 值，K 线向上突破 D 线，为买进信号，交叉的位置越低越好、交叉的次数越多越好、右侧相交比左侧相交好。K 值在 80 以上，为卖出信号，但股价可能进一步上升，如果投资者过早卖出股票，将会损失一部分利润；K 值在 20 以下，是买进信号，但股价还有可能进一步下跌，如果投资者过早买进股票有可能被套。此时 KDJ 指标的参考价值降低，投资者应该因时因势分析，同时将其他指标与随机指标结合起来使用。不管应用哪种指标进行分析，都要严谨，注意及时防范风险。

所以投资者在利用技术指标 MA、MACD、KDJ 分析股票时，不应单独分析某一个指标，应该综合分析各个指标，综合他们之间的共同分析结论，同时关注股票价格的变动趋势，最后再判断买卖的时机。

《证券投资分析》实验报告（九）

学生姓名：王倩倩　　　指导教师：唐平

实验项目名称：运用技术指标 OBV、RSI、WMS、PSY 分析股票

一、实验目的

技术指标法是应用一定的数学公式，对原始数据进行处理，得出指标值，将指标值绘成图表，从定量的角度对股市进行预测的方法。学生利用技术指标（OBV、RSI、WMS、PSY）对个股进行分析，掌握技术指标原理，分析股票运行趋势。

二、实验要求

学生运用证券交易软件基本操作方法，熟练掌握证券投资技术指标 OBV、RSI、WMS、PSY 的计算公式、技术特点、应用法则；了解股票的价格、成交量、时间和空间是进行技术分析的基本要素；正确理解技术指标分析必须与基本面的分析结合起来使用；理解任何技术指标都有自己的适应范围和应用条件，得出的结论也都有成立的前提和可能发生的意外。

三、实验步骤

（1）打开中银国际证券的证券交易软件。

（2）选择 600667（太极实业）股票进行分析。

（3）能量潮（OBV）指标。太极实业股票 OBV 指标如图 11-13 所示。

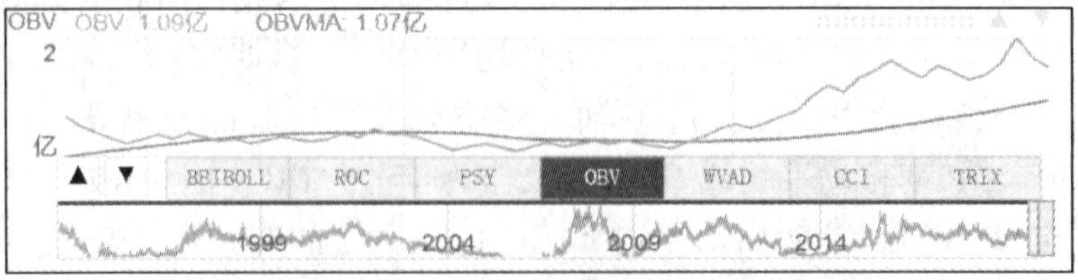

图 11-13　太极实业股票 OBV 指标

①计算公式：假设已知上一个交易日的 OBV，则今日的 OBV=昨日的 OBV+sgn×今天的成交量。

式中，sgn 为符号函数，其数值由 sgn 决定：Sgn=+1，今日收盘价>昨日收盘价。

Sgn=-1，今日收盘价<昨日收盘价。

能量潮（OBV）指标可以验证当前股价走势的可靠性，以及得到趋势可能反转的信号。

②应用法则：

OBV 不能单独使用，必须与股价曲线结合使用才能发挥作用。当股价上升，OBV 也上升，则当前股价上升。当股价上升，OBV 却下降，出现背离的现象，则股价可能反转。

（4）相对强弱（RSI）指标。太极实业股票 RSI 指标如图 11-14 所示。

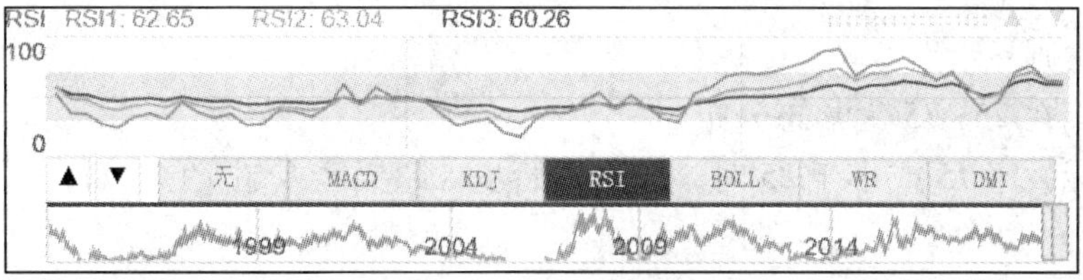

图 11-14　太极实业股票 RSI 指标

①计算公式：RSI（N）=A÷（A+B）×100。

②应用法则：

相对强弱指标的参数 N 一般取 5 日、9 日、14 日等。RSI 的取值范围是 0~100。

短期 RSI 大于长期 RSI，属于多头市场；短期 RSI 小于长期 RSI，属于空头市场。

（5）威廉（WMS）指标。太极实业股票 WMS 指标如图 11-15 所示。

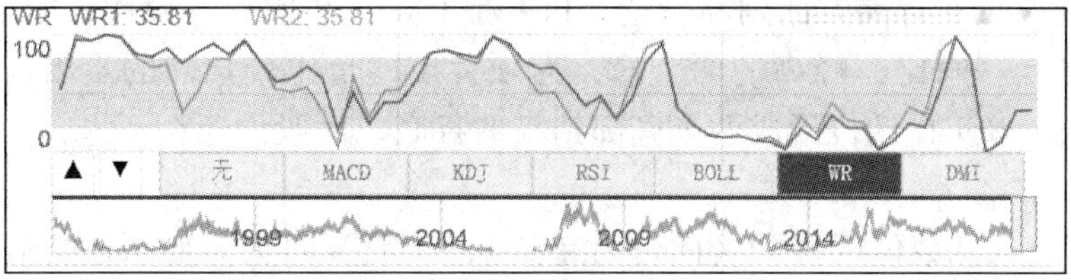

图 11-15　太极实业股票 WMS 指标

①计算公式：WMS=（H_n-C_t）/（H_n-L_n）×100。

C_t 为当天的收盘价中，Hn 和 Ln 表示最近 n 日内的最高价和最低价。

②应用法则：

WMS 值的波动区间在 0~100。当 WMS 大于等于 80，说明股市处于超卖状态，有可能见底反弹，可以考虑买进；当 WMS 小于等于 20，说明股市处于超买状态，有可能见顶下跌，这时就要考虑卖出；50 是 WMS 的中轴线，当 WMS 刚刚向上超出 50，表示股市看跌；当 WMS 刚刚向下低出 50，表示股市看涨。

（6）心理线（PSY）指标。太极实业股票 PSY 指标如图 11-16 所示。

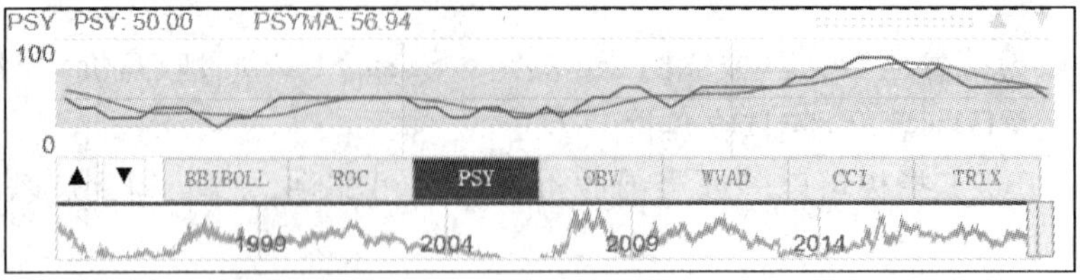

图 11-16　太极实业股票 PSY 指标

①计算公式：PSY（N）$=A/N\times100$。

N 表示天数，A 表示 N 天之中股价上涨的天数，以收盘价为准，应用中 N 一般为 12。

②应用法则：

PSY 指标在 25~75 为常态分布。

PSY 指标大于 75 或小于 25 时，股价开始步入超买区或超卖区，此时投资者需要留心其动向。

当 PSY 指标小于 10 时，是极度超卖。

四、实验结论及分析

OBV 对判断 K 线图中的双重顶形态是否形成，有着重要作用。一般情况下，双重顶的第二个高峰出现之前，OBV 指标配合价格的上升而上升，说明当前价格会不断上升。如果这时候 OBV 指标没有配合上升，反而下降的话，双重顶形态的第二个峰值可能会形成。

从 RSI 与股价的背离方面判断行情。RSI 处于高位并形成一峰比一峰低的两个峰，股价对应的却是一峰比一峰高的两个峰，为顶背离，是比较强烈的卖出信号。与此相反的是底背离：RSI 在低位形成两个底部抬高的谷底，而股价还在下降，是可以买入的信号。

在 WMS 进入低数值区位后（此时为超买），一般要回头。如果这时股价还继续上升，就会产生背离，是卖出的信号。在 WMS 进入高数值区位后（此时为超卖），一般要反弹。如果这时股价还继续下降，就会产生背离，是买进的信号。WMS 连续几次撞顶（底），局部形成双重或多重顶（底），则是卖出（买进）的信号。

PSY 指标在证券交易软件上还能通过它的趋势性情况来判断股市的趋势走向。PSY 指标体现的趋势性主要表现在无趋势、向上趋势及向下趋势三个方面。

投资者在进行股票分析时不仅要明白各个指标的分析原理，还应清楚每个指标的不足，并结合其他指标进行综合分析。

只有综合分析各个因素后得出的结论才是更加准确的，才能为投资决定做理论支撑。

《证券投资分析》实验报告（十）

学生姓名：杨璐瑗　　　指导教师：唐平

实验项目名称：运用技术指标 OBV、RSI、WMS、PSY 分析股票

一、实验目的

技术指标法是应用一定的数学公式，对原始数据进行处理，得出指标值，将指标值绘成图表，从定量的角度对股市进行预测的方法。学生利用技术指标（OBV、RSI、WMS、PSY）对个股进行分析，掌握技术指标原理，分析股票运行趋势。

二、实验要求

学生运用证券交易软件基本操作方法，熟练掌握证券投资技术指标 OBV、RSI、WMS、PSY 的计算公式、技术特点、应用法则；了解股票的价格、成交量、时间和空间是进行技术分析的基本要素；正确理解技术指标分析必须与基本面的分析结合起来使用；理解任何技术指标都有自己的适应范围和应用条件，得出的结论也都有成立的前提和可能发生的意外。

三、实验步骤

（1）打开中银国际证券的证券交易软件或“大智慧”。

（2）选择 300256（星星科技）股票进行分析。

（3）OBV 即“平衡交易量”。计算公式：假设已知上一个交易日的 OBV，则今日的 OBV=昨日的 OBV+sgn×今天的成交量。能量潮（OBV）指标可以验证当前股价走势的可靠性，并可以得到趋势可能反转的信号。当股价上升，OBV 也上升，则当前股价上升；当股价上升，OBV 却下降，则股价可能反转。星星科技股票 OBV 指标如图 11-17 所示。

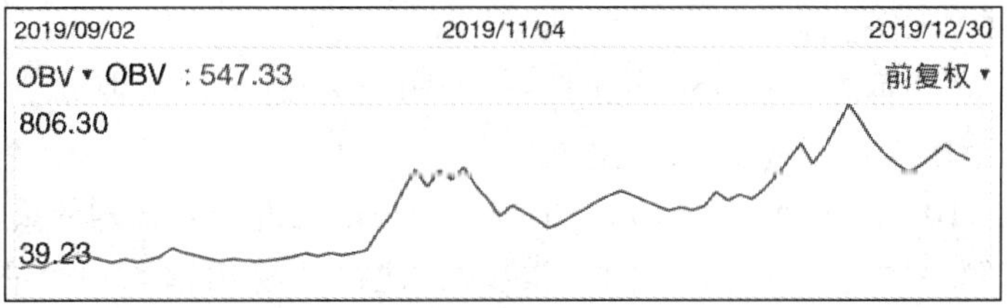

图 11-17　星星科技股票 OBV 指标

（4）RSI。选择一定时期内的股价数据计算：RSI（N）＝$A/(A+B)\times 100$。相对强弱指标的参数 N 一般取 5 日、9 日、14 日等。RSI 的取值范围为 0~100。

①RSI 值将 0 到 100 分成了从“极弱”“弱”“强”到“极强”四个区域。一般 RSI 值如果超过 50，表明市场进入强市，投资者可以考虑买入，但是如果继续进入“极强”区，就要考虑物极必反，投资者准备卖出了。同理 RSI 值在 50 以下也是如此，如果进入了“极弱”区，则表示超卖，投资者应该伺机买入。

②当短期 RSI>长期 RSI 时，市场属于多头市场；当短期 RSI<长期 RSI 时，市场属于空

头市场；当短期 RSI 线在低位向上突破长期 RSI 线，则是市场的买入信号；当短期 RSI 线在高位向下突破长期 RSI 线，则是市场的卖出信号。星星科技股票 RSI 指标如图 11-18 所示。

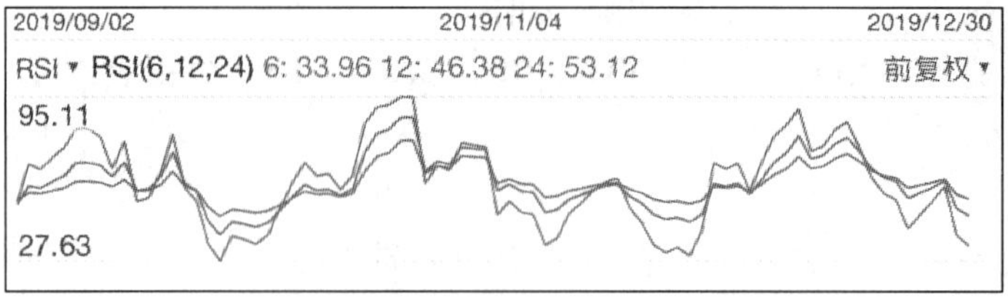

图 11-18　星星科技股票 RSI 指标

（5）WMS。从数值考虑：当 WMS 高于 80 时，处于超卖状态，行情即将见底，投资者应当考虑买进。当 WMS 低于 20 时，处于超买状态，行情即将见顶，投资者应当考虑卖出。

从形状考虑：在 WMS 进入高位后，如果股价继续下降就产生了背离，是买入信号。在 WMS 进入低位后，如果股价继续上升就产生了背离，是卖出信号。WMS 连续几次撞顶（底），局部形成双重或多重顶（底），是买进（卖出）的信号。星星科技股票 WMS 指标如图 11-19 所示。

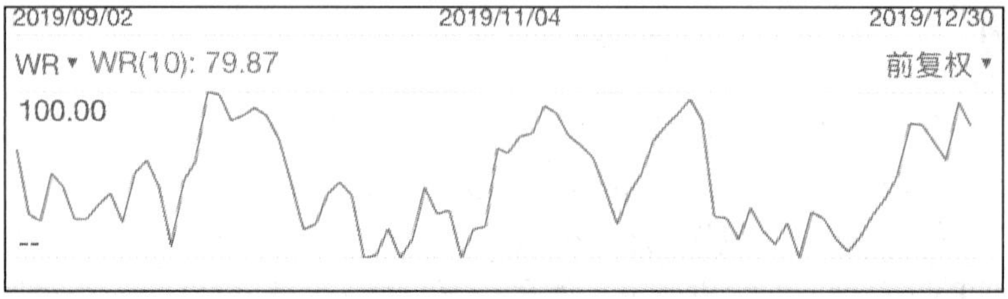

图 11-19　星星科技股票 WMS 指标

（6）PSY。PSY 是将一定时期内投资者看多或看空的心理事实转化为数值，来研判股价未来走势的技术指标。

当 PSY 的取值基本在 25～75，说明多空双方基本处于均衡状态。如果 PSY（N）的值超出了这个范围，则是超买或超卖。

若 PSY（N）<10，或 PSY（N）>90，出现两种极端情况，是强烈的买入或卖出信号。

PSY 的取值第一次进入采取行动的区域时，往往容易出错，一般都要求 PSY 进入高位或低位两次以上才能采取行动。星星科技股票 PSY 指标如图 11-20 所示。

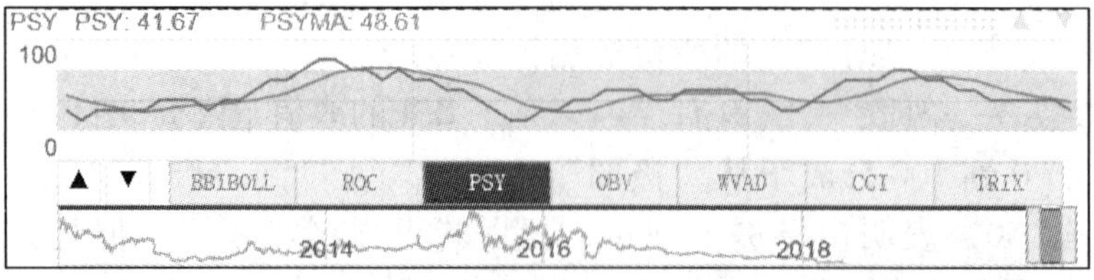

图 11-20　星星科技股票 PSY 指标

第十二章　债券实验

第一节　债券实验操作

一、实验目的

市场上的债券很多，有国债、公司债、金融债等不同种类，债券的交易软件也有很多。我们通过债券交易软件查询债券相关信息，通过虚拟交易所，进行债券投资模拟交易，了解债券交易，积累债券交易经验。

实验目的是通过对债券交易软件操作的练习，进行债券模拟市场交易，熟悉债券交易流程、债券操作方法及掌握债券交易技能。

二、实验要求

学生学习利用网上的相应资讯，使用债券交易软件，熟悉债券交易软件的基本功能，熟练掌握运用债券交易软件进行分析和交易的技能。

本项实验为学生选作实验项目。

三、实验原理

运用债券交易软件的基本功能，掌握基本操作方法，熟悉债券交易软件的基本操作及掌握债券交易技能。

四、实验学时

实训学时数一共 2 学时，学时分布情况：教师讲授占 5%，案例分析占 25%，学生项目设计占 70%。

五、实验步骤

（1）注册或登录赢顺云端债券交易软件或其他证券公司的债券交易软件。登录平台如图 12-1 所示。

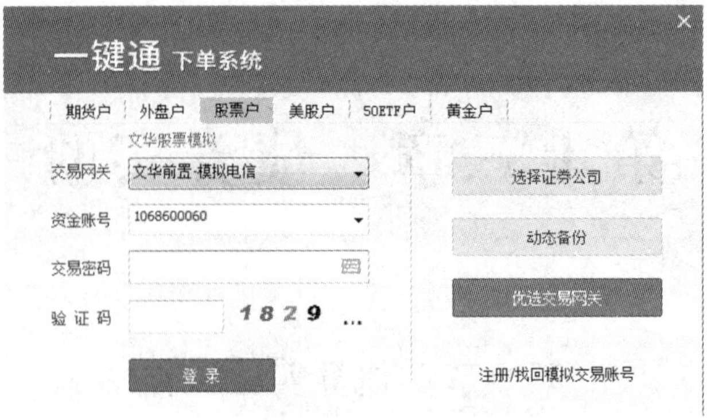

图 12-1　登录平台

点击“注册/找回模拟交易账号”，输入手机号码，并发送验证码即可以注册赢顺云端债券交易模拟账号（股票户），初始交易金为 1 000 万元。

（2）进入“债券市场”板块，选择相应类型的选项进行交易，可以选择上证债券、深证债券。在“债券市场”里的下拉菜单中点击“上证债券”，出现上证债券市场信息（图 12-2）。

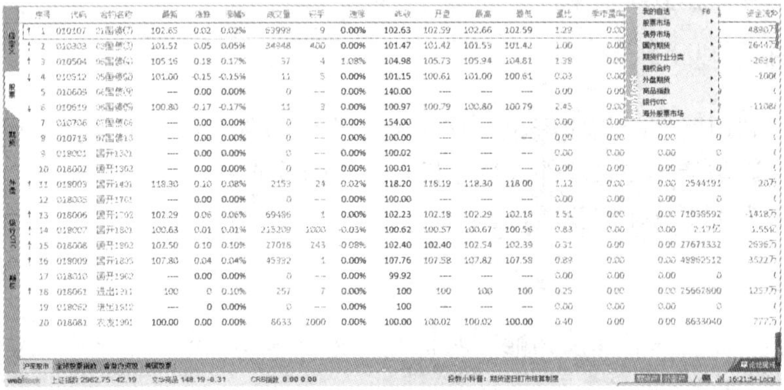

图 12-2　上证债券市场信息

从图 12-2 中可以看出，上证债券市场信息有“21 国债 7”“03 国债 3”等，并从这个界面可以看到最新报价、涨跌幅、成交量、买入/卖出价和量比，但不能查看市场走势图。

（3）具体了解某一只债券的交易信息，在图 12-2 上选择一只债券，如选择“国开 1702（018006）”。从图 12-2 中可以看出，2019 年 12 月 24 日 14：33 国开 1702 市场报价为 102. 37 元，上涨 0. 08 元，涨幅 0. 08%，成交量 12 万，成交额 1. 2 亿元，开盘价 102. 22 元，最高价 102. 41 元，最低价 102. 21 元。

进一步了解国开 1702 的信息，双击国开 1702，如图 12-3 所示，出现国开 1702 的市场交易报价图。从图中可以了解到市场报价为 102. 38 元，上涨 0. 01%，外盘 35922，内盘 24684，市场委买五档最高价 102. 35 元，委卖最低价为 102. 38 元。市场整体走势上升，自 2019 年 1 月以来，虽然有小幅度振荡，但总体市场平稳。

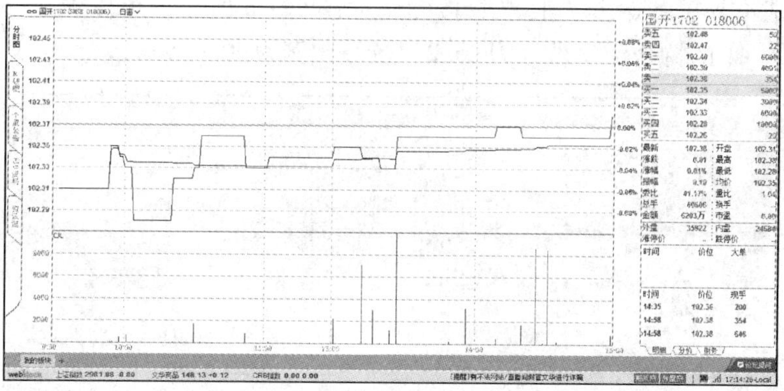

图 12-3　国开 1702 市场交易报价图

点击界面右下方“分价”，可以进一步了解债券市场报价分析等详细信息。图 12-4为国开 1702 市场价格分价图。

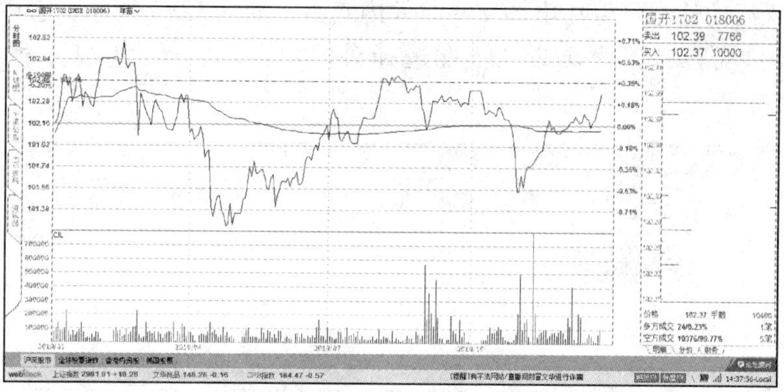

图 12-4　国开 1702 市场价格分价图

（3）选择国开 1702 这只债券进行交易，鼠标左键点击“国开 1702”并选中，右键单击，选择下单，系统展示的债券下单界面如图 12-5 所示，选择买卖方向、委托类型、委托价格、委托数量（100 股），单击“买入”，完成债券买入操作。

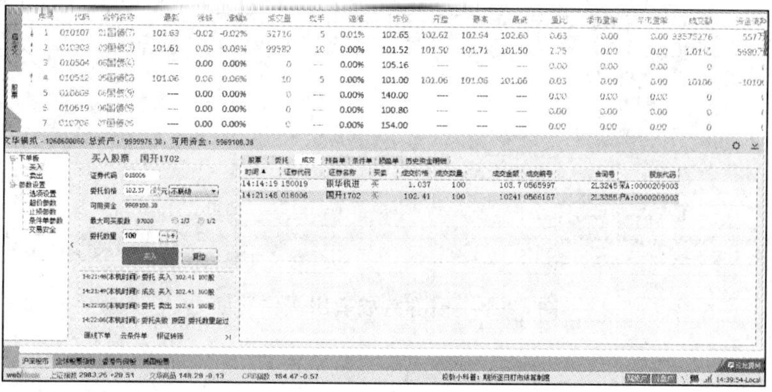

图 12-5　债券下单界面

（4）完成交易后，点击“股票”按钮，如图 12-6 所示，可以看出 2019 年 12 月 24 日下午 14：41 的持仓浮动盈亏为-6.2，盈亏比例为-0.06%。

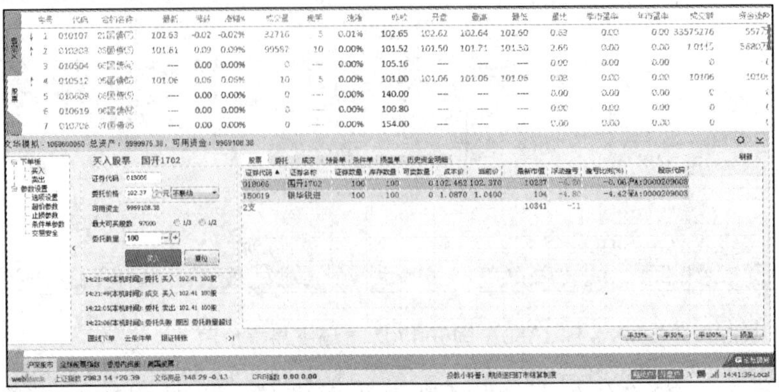

图 12-6　债券持仓盈亏

（5）买入后的债券可以在市场交易时间内卖出。如图 12-7 所示，选中要卖出的债券，右键单击，可以选择卖出方式，如选择对价卖出，选择卖出 100 股，单击“确定”，完成交易。

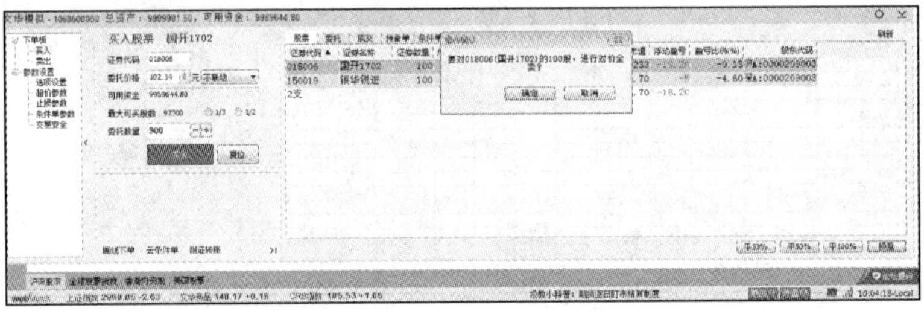

图 12-7　债券平仓确认界面

（6）点击“成交”，如图 12-8 所示，可以看到债券卖出操作已经完成，证券名称：国开 1702，委托价格为 102.29 元，卖出 100 股。这样就完成了债券的平仓操作，我们可以通过前后资金量的变化查看自己这次交易的盈亏情况。

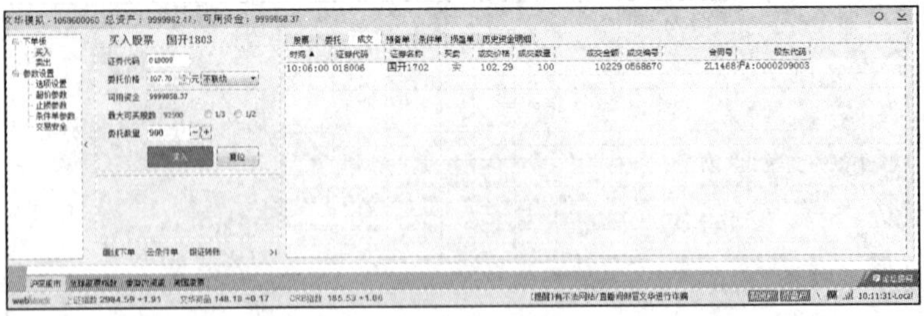

图 12-8　债券完成卖出操作界面

四、实验分析及结论

（一）实验分析

分析债券的相关指标，如内盘、外盘、换手率等，并综合分析债券的行情，还可以通过日线、年线、K 线观察债券的走势，预测债券价格未来的趋势，为进行债券投资做分析。

在做预测的时候，投资者不仅需要了解各项指标的具体含义及计算公式，而且应选择具有代表性的指标进行分析。

此外，投资者还应结合债券行情、债券每个价位、多方与空方交易量比等指标进行分析，以达到有效预测的目的。

（二）实验结论

进入赢顺云端债券交易模拟程序后，系统会出现很多债券，投资者可以选择自己想了解的债券，进入单只债券界面查看债券价格走势、交易量等。

在网上进行债券交易买卖需要掌握基本的知识和操作流程，以免在操作时出现错误从而影响交易的进行。

第二节　债券实验案例

《证券投资分析》实验报告（十一）

学生姓名：范其浩　　　指导教师：唐平

实验项目名称：债券交易软件基本操作流程及技能

一、实验目的

通过对债券交易软件操作的练习，熟悉债券交易流程、债券操作方法及掌握债券交易技能。

二、实验要求

运用债券交易软件基本操作方法，熟悉债券交易软件的基本操作及掌握债券交易技能。

三、实验步骤

（1）打开赢顺云端债券交易模拟程序。

（2）进入页面后可以看到“股票”“期货”“期权”等，点击可以查看详情。

（3）点击“板块”—“债券市场”—“上证债券”，选择国开 1801 进行基本操作。

（4）鼠标左键双击国开 1801 这只债券，查看今天的价格走向，以及买卖最新成交价格信息。国开 1801 交易价格如图 12-9 所示。

（5）点击“分价”，可以看到今天每个价位买方和卖方的成交量和占比，点击 K 线图，能看到具体走势。国开 1801 分价图及日 K 图如图 12-10 所示。

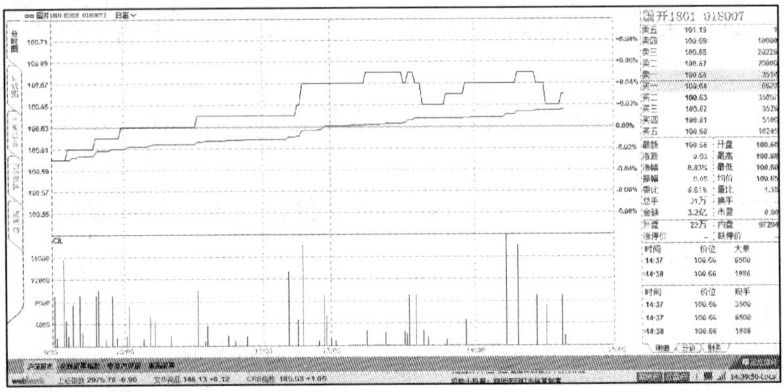

图 12-9　国开 1801 交易价格

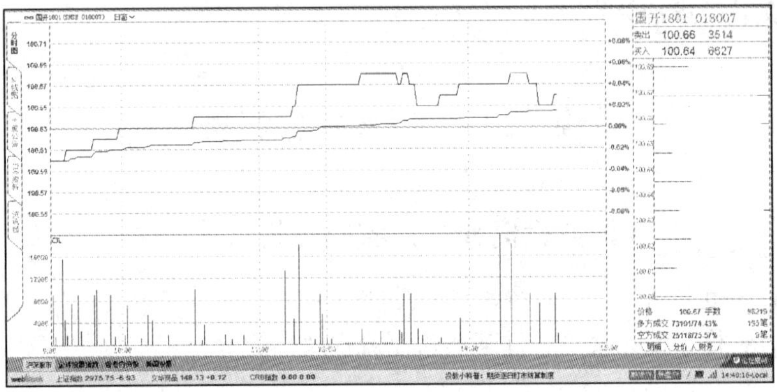

（上）

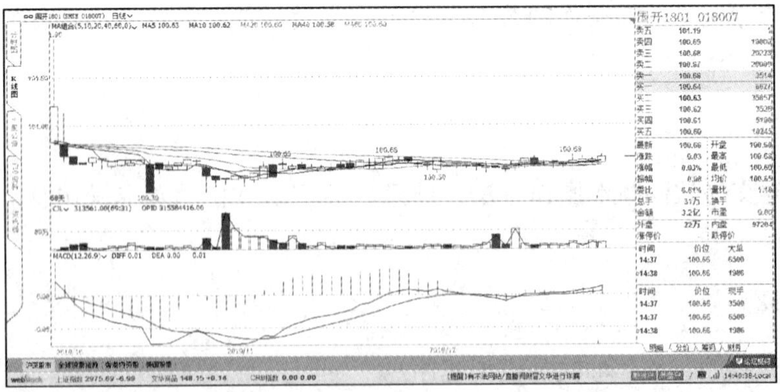

（下）

图 12-10　国开 1801 分价图（上）及日 K 图（下）

（6）在 100.712 这个价位买入 100 股，进行建仓，如图 12-11 所示。

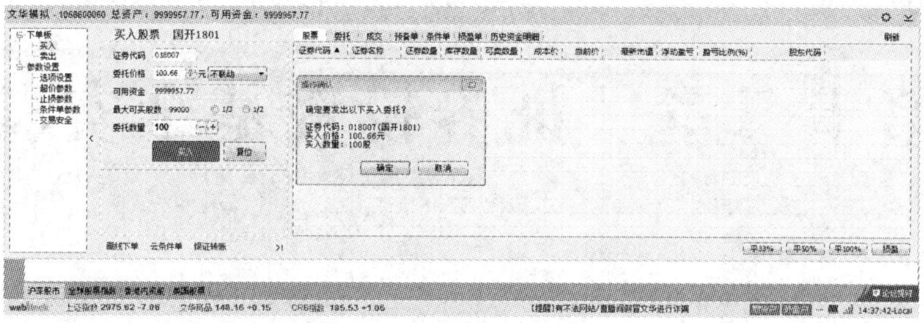

图 12-11　国开 1801 建仓

（7）观察这只债券的盈亏情况，并选择在合适的时机卖出债券，进行平仓，如图 12-12 所示。

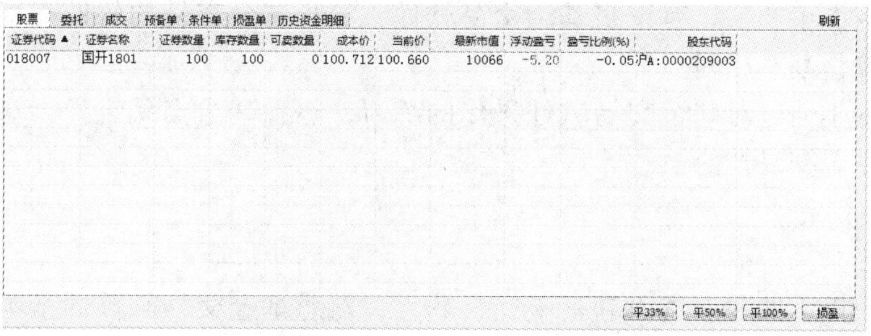

图 12-12　国开 1801 平仓

四、实验结论及债券分析

进入赢顺云端债券交易模拟程序后，可以查看到债券的走势、行情，以及某一只债券的涨跌额、涨跌幅、开盘价、收盘价、最高价、最低价、成交量、换手率、市盈率、市净率等相关的具体资料，也可以看到 K 线图、分时走势图等债券价格走势的图表，可以据此分析债券行情，综合考虑各种因素，大致分析所选债券的大致走向，分析债券的投资价值。

投资者在分析债券走势时，不仅要掌握各项指标、参考数据的分析方法，还要了解国家的财政政策、货币政策、收入分配政策、证券市场的监管政策等宏观经济政策，市场因素和行业因素，以及利率、汇率等因素。

选中国开 1801 这只债券进行买卖操作，持仓时间的长短及卖出的时机，影响自身的收益，因此把握好买进和卖出的时机才能使自己在交易中获利。

第十三章　证券投资基金实验

第一节　证券投资基金实验操作

一、实验目的

目前在我国市场上，有许多基金交易软件。尽管基金交易的软件有很多，但基金交易软件的操作基本相同。

实验目的是通过对基金交易软件操作的练习，熟悉基金交易流程、基金软件操作方法及掌握基金交易技能。

二、实验要求

学习利用网上的相应资讯和基金交易软件，熟悉基金交易软件的基本功能，熟练掌握运用基金交易软件进行分析和交易的技能。

本项实验为学生选作实验项目。

三、实验原理

运用基金交易软件的基本功能，掌握基本操作方法，熟悉基金交易软件的基本操作及掌握基金交易技能。

四、实验学时

实训学时数一共 2 学时，学时分布情况：教师讲授占 5%，案例分析占 25%，学生项目设计占 70%。

五、实验步骤

（1）注册或登录赢顺云端基金交易软件，或其他证券公司的基金交易软件。登录平台如图 13-1 所示。

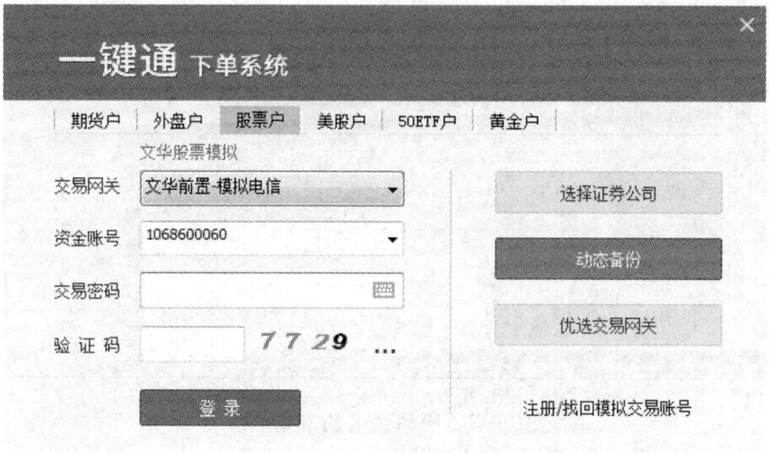

图 13-1 登录平台

（2）点击“注册/找回模拟交易账号”，输入手机号码，并发送验证码即可以注册赢顺云端基金交易模拟账号（股票户），初始交易金为 1 000 万元。

（3）进入赢顺云端，选择“板块”，单击“股票市场”，选择“封闭式基金”，如图 13-2 所示，可以查看封闭式基金信息。通过滚动鼠标，我们可以发现封闭式基金共有 295 只。

从图 13-2 可以了解某一只基金的具体的市场信息，如银华稳进（150018）基金，2019 年 12 月 23 日下午 17：07 的市场最新报价为 1.026 元，上涨 0.002 元，涨幅为 0.2%，交易量为 278 085 手，交易额为 28 479 906 元，开盘价为 1.023 元，最高价为 1.026 元，最低价为 1.023 元，量比为 3.71 等市场信息。

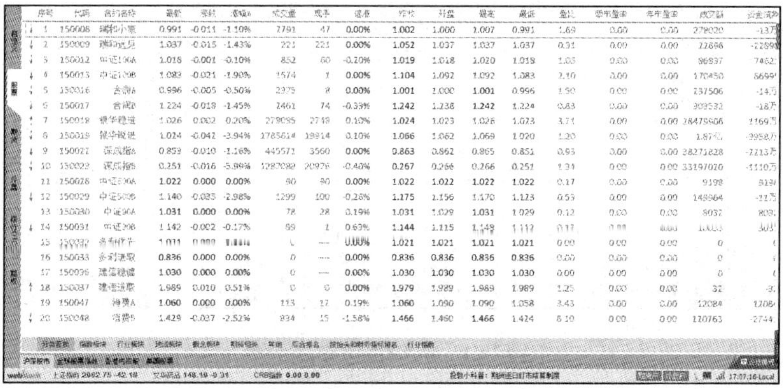

图 13-2 封闭式基金信息

（4）如果投资者想对基金进行深入的了解，分析基金未来的盈利能力，那么投资者需了解基金的详细市场信息。选择需要详细了解信息的基金，双击，系统展示基金“日窗”界面和市场报价信息。图 13-3 为银华锐进的市场信息。

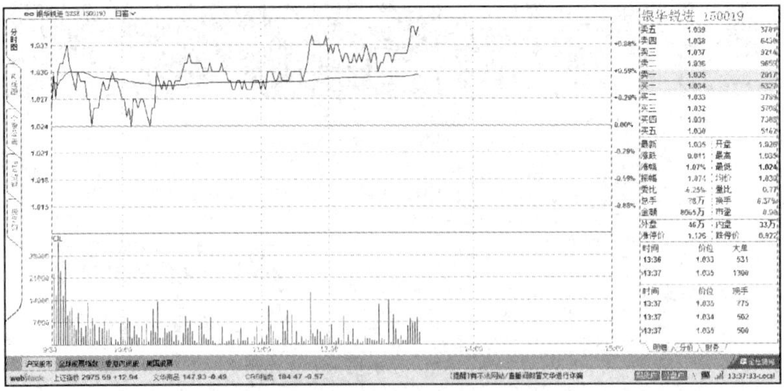

图 13-3　银华锐进的市场信息

从图 13-3 可以看出，2019 年 12 月 24 日下午 13：37，银华锐进的市场报价为 1.034 元，上涨 0.01 元，涨幅为 0.98%，均价为 1.030 元，开盘价为 1.026 元，最高价为 1.035 元，最低价为 1.024 元，交易量为 79 万手，交易额为 8 099 万元，外盘为 46 万，内盘为 33 万，涨停价为 1.126 元，跌停价为 0.922 元，委买五档中最高报价为 1.033 元，委卖最低报价为 1.034 元。

如果对银华锐进感兴趣，想进一步了解"银华锐进"的市场报价，投资者可以通过点击"分价"来了解"银华锐进"的详细市场报价信息。从图 13-4 中可以看出，在价格为 1.034 元时，成交手数为 37 596 手，其中多方成交 29 894 手，共计 39 笔，占总成交数的 79.51%，空方成交 7 702 手，共计 11 笔，占总成交数的 20.49%。

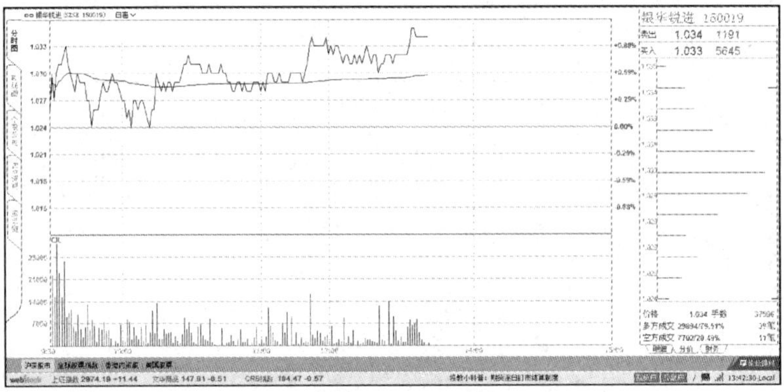

图 13-4　银华锐进市场分价

（5）选择合适的基金，本部分选择"银华锐进（150019）"，右键单击"银华锐进"，在系统展示的选项中选择"下单"，即弹出下单界面，选择买卖方向（买）、委托类型、委托价格、委托数量（100 手），单击"买入"，系统提示下单成功信息。基金持仓明细如图 13-5所示。

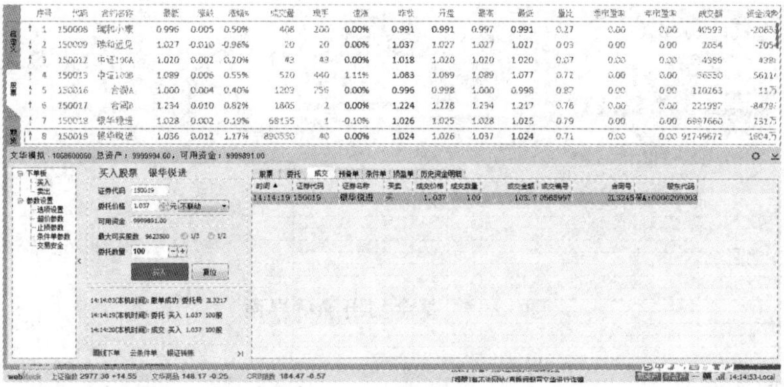

图 13-5　基金持仓明细

（6）点击“股票”按钮，可以了解持有“银华锐进”的市场盈亏情况。从图 13-6 中可以看出，2019 年 12 月 24 日的银华锐进基金浮动盈亏为-4. 6%，盈亏比例为-4. 23%。

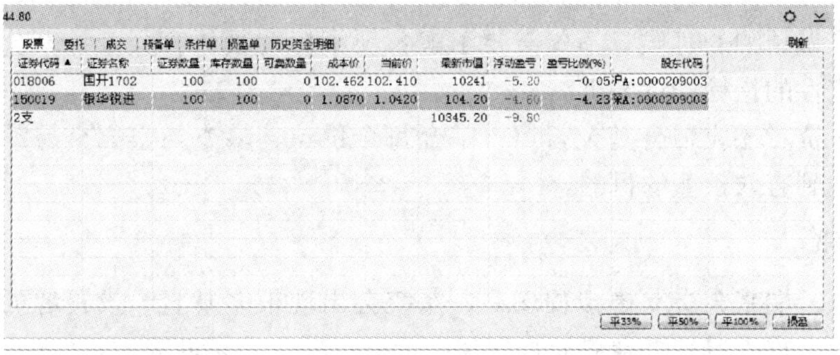

图 13-6　基金持仓盈亏

（7）由于实行 T+1 交易规则，我们需等到第二天才能卖出平仓。我们右键点击该基金，呼出下单界面，如图 13-7 所示，可以看到该基金目前的最新市值为 104. 20 元，成本价为 1. 087 元，当前价为 1. 042 元。

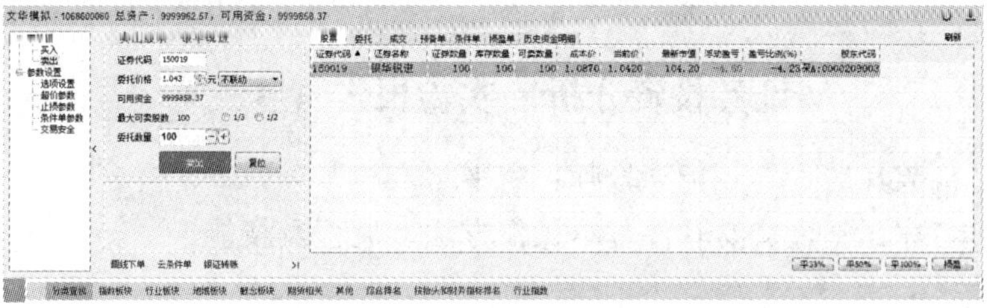

图 13-7　基金卖出界面

（8）右键选择该基金，选择对价卖出，系统展示卖出下单，选择买卖方向（卖）、委托数量（100 股）、委托价格，如图 13-8 所示，单击“确定”，系统完成卖出平仓操作。

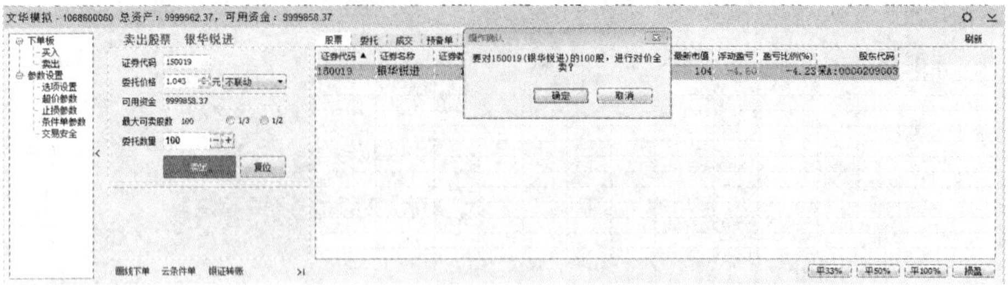

图 13-8 基金卖出确认界面

六、实验分析及结论

(一) 实验分析

分析基金的相关指标，如内盘、外盘、买价、卖价等，并综合分析基金的行情，还可以通过日线、年线、K 线观察基金的走势，预测基金价格未来的趋势，为进行基金投资做分析。

投资者在做预测的时候，不仅需要了解各项指标的具体含义及计算公式，而且应选择具有代表性的指标进行分析。

此外，投资者还应结合基金行情、基金每个价位、多方与空方交易量比等指标进行分析，以达到有效预测的目的。

(二) 实验结论

进入赢顺云端基金交易模拟程序后，系统会出现很多基金，投资者可以选择自己想了解的基金，进入单只基金界面查看基金价格走势、交易量等。

在网上进行基金交易买卖需要掌握基本的知识和操作流程，以免在操作时出现错误从而影响交易的进行。

第二节 证券投资基金实验案例

《证券投资分析》实验报告（十二）

学生姓名：范其浩　　　指导教师：唐平

实验项目名称：基金交易软件基本操作方法、流程及技能

一、实验目的

通过对基金交易软件操作的练习，熟悉基金交易流程、基金交易操作方法及掌握基金交易技能。

二、实验要求

运用基金交易软件基本操作方法，熟悉基金交易软件的基本操作及掌握基金交易技能。

三、实验步骤

（1）打开赢顺云端基金交易模拟程序。

（2）进入页面后可以看到“股票”“期货”“期权”等，点击可以查看详情。

（3）点击“板块”—“股票市场”—“封闭式基金”，选择“深成指 B”进行基本操作。

（4）鼠标左键双击深成指 B 这只基金，查看今天的价格走向，以及买卖最新成交价格信息。深成指 B 交易价格如图 13-9 所示。

（5）点击“分价”，可以看到今天每个价位买方和卖方的成交量和占比，点击 K 线图，能看到具体走势。深成指 B 分价图及日 K 图如图 13-10 所示。

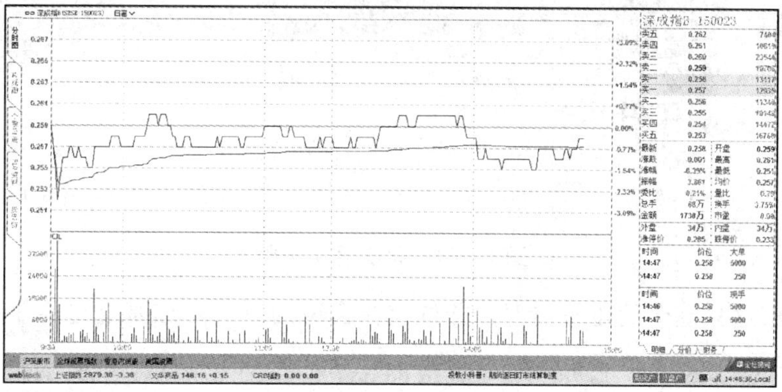

图 13-9　深成指 B 交易价格

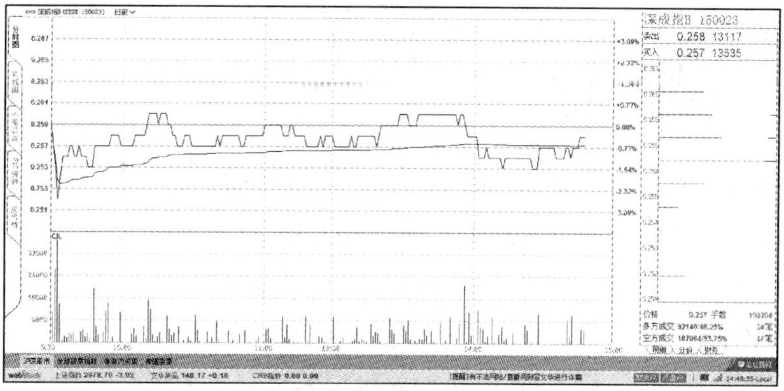

深成指 B 分价图（上）

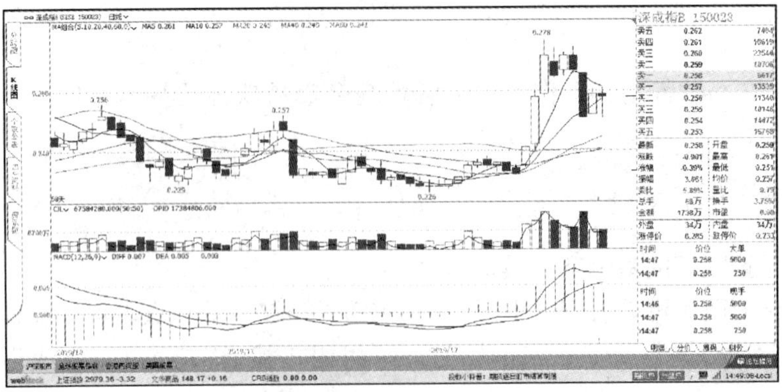

深成指 B 分价图（下）

图 13-10　深成指 B 分价图（上）及日 K 图（下）

（6）在 0.308 0 这个价位买 100 股，进行买开操作，建仓，如图 13-11 所示。

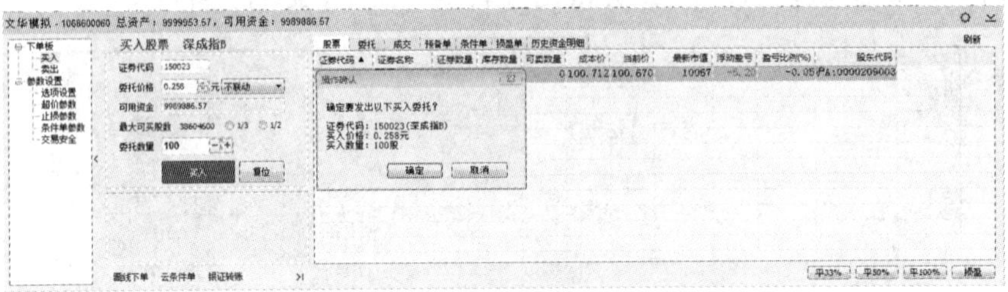

图 13-11　深成指 B 建仓

（7）观察这只基金的盈亏情况，并选择在合适的时机卖出基金进行平仓，如图 13-12 所示。

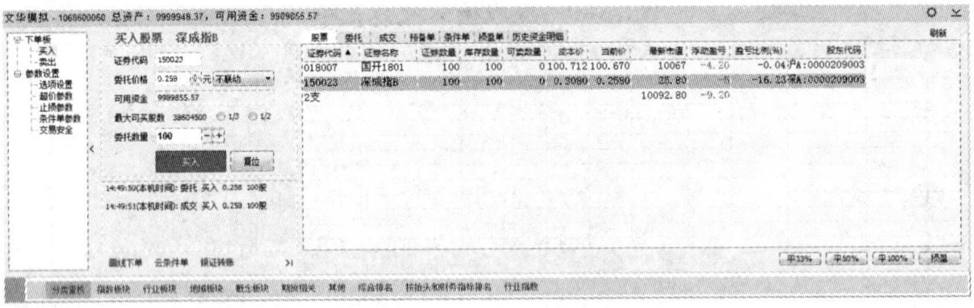

图 13-12　深成指 B 平仓

四、实验结论及分析

进入赢顺云端基金交易软件后，投资者可以查看基金市场的走势、行情，以及某一只基金的涨跌额、涨跌幅、开盘价、收盘价、最高价、最低价、成交量、换手率、市盈率、市净率等相关的具体资料，也可以看到 K 线图、分时走势图等基金价格走势的图表，可以据此分析基金行情，综合考虑各种因素，大致分析所选基金价格的大致走向，分析基金的投资价值。

本实验选择深成指 B 作为实验对象，学生进行基金买入、持仓和卖出平仓的操作，可以发现一只基金的收益和买入时机、持仓时间长短及卖出时机是相关的。因此投资者把握好市场行情，及时准确地买卖，就能在交易中获利。

第十四章　金融衍生工具实验

第一节　金融衍生工具实验操作

一、实验目的

我们需要了解金融衍生品的内涵，通过股指期货模拟交易软件查询股指期货市场信息，进行股指期货买卖操作，了解市场交易信息，积累衍生品交易经验。

实验目的是通过对股指期货交易软件操作的练习，熟悉股指期货交易流程、股指期货操作方法及股指期货交易技能。

二、实验要求

学习利用网上的相应资讯和股指期货交易软件，熟悉股指期货软件的基本功能，熟练掌握运用股指期货软件进行分析和交易的技能。

本项实验为学生选作实验项目。

三、实验原理

运用股指期货交易软件的基本功能，掌握基本操作方法，熟悉股指期货交易软件的基本操作及掌握股指期货交易技能。

四、实验学时

实训学时数一共 2 学时，学时分布情况：教师讲授占 5%，案例分析占 25%，学生项目设计占 70%。

五、实验步骤

（1）注册或登录赢顺云端股指期货交易软件，或其他证券公司的股指期货交易软件。登录平台如图 14-1 所示。

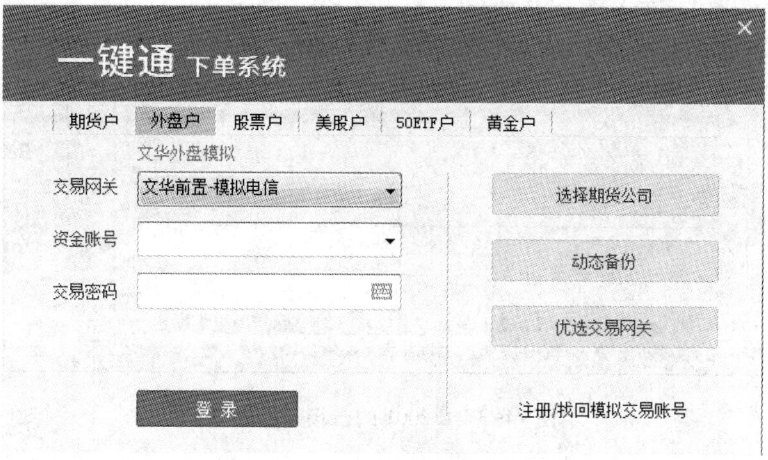

图 14-1　登录平台

点击“注册/找回模拟交易账号”，输入手机号码，并发送验证码即可以注册赢顺云端股指期货交易模拟账号（期货户）。

（2）左键点击界面左侧“期货”，系统会展示“股指期货”“国债期货”“贵金属”“有色金属”“黑色金属”“轻工”“煤炭”“原油”“化工”“谷物”“油脂油料”“软商品”“农副”等期货信息，选择股指期货，从图 14-2 中可以看出，股指期货的品种有：IF 加权、IF2001、IF2002、IF2003 等。

从图 14-2 中可以看出股指期货的市场综合信息，如股指期货 IF2001 在 2019 年 12 月 24 日下午 16：22 的市场报价为 3 998.4 点，上涨 10.0 点，涨幅 0.25%，成交量为 48 197 手，持仓量为 66 325 手，日增仓-5 845 点，开盘价为 3 990.0 点，最高价为 4 008.6 点，最低价为 3 986.0 点，结算价为 4 002.6 点。

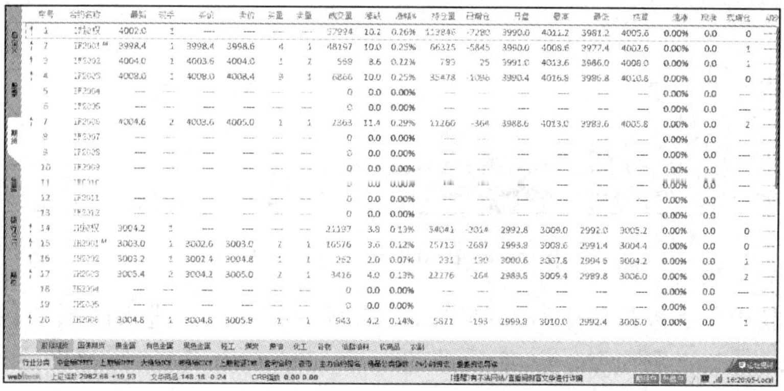

1	IF加权	4002.0	1	—	—	—	—	57994	10.2	0.26%	113846	-7280	3990.0	4011.2	3981.2	4005.6	0.00%	0.0	0
2	IF2001	3998.4	1	3998.4	3998.6	4	1	48197	10.0	0.25%	66325	-5845	3990.0	4008.6	3977.4	4002.6	0.00%	0.0	1
3	IF2002	4004.0	1	4003.6	4004.0	1	2	569	8.6	0.22%	783	25	3991.0	4013.6	3986.0	4008.0	0.00%	0.0	1
4	IF2003	4008.0	1	4008.0	4008.4	9	1	6866	10.0	0.25%	35478	-1096	3990.4	4016.8	3986.8	4010.8	0.00%	0.0	0
5	IF2004	—	—	—	—	—	—	0	0.0	0.00%	—	—	—	—	—	—	0.00%	0.0	—
6	IF2005	—	—	—	—	—	—	0	0.0	0.00%	—	—	—	—	—	—	0.00%	0.0	—
7	IF2006	4004.6	2	4003.6	4005.0	1	1	2363	11.4	0.29%	11260	-364	3988.6	4013.0	3983.6	4005.8	0.00%	0.0	2
8	IF2007	—	—	—	—	—	—	0	0.0	0.00%	—	—	—	—	—	—	0.00%	0.0	—
9	IF2008	—	—	—	—	—	—	0	0.0	0.00%	—	—	—	—	—	—	0.00%	0.0	—
10	IF2009	—	—	—	—	—	—	0	0.0	0.00%	—	—	—	—	—	—	0.00%	0.0	—
11	IF2010	[illegible]	[illegible]	[illegible]	[illegible]	[illegible]	[illegible]	0	0.0	0.00%	[illegible]	[illegible]	—	—	—	—	0.00%	0.0	—
12	IF2011	—	—	—	—	—	—	0	0.0	0.00%	—	—	—	—	—	—	0.00%	0.0	—
13	IF2012	—	—	—	—	—	—	0	0.0	0.00%	—	—	—	—	—	—	0.00%	0.0	—
14	IH加权	3004.2	1	—	—	—	—	21197	3.8	0.13%	34041	-3014	2992.8	3009.0	2992.0	3005.2	0.00%	0.0	0
15	IH2001	3003.0	1	3002.6	3003.0	2	1	16576	3.6	0.12%	25713	-2687	2993.8	3008.6	2991.4	3004.4	0.00%	0.0	0
16	IH2002	3003.2	1	3002.4	3004.8	1	1	262	2.0	0.07%	231	130	3000.6	3007.6	2994.6	3004.2	0.00%	0.0	1
17	IH2003	3005.4	2	3004.2	3005.0	2	1	3416	4.0	0.13%	22276	-164	2988.5	3009.4	2989.8	3006.0	0.00%	0.0	2
18	IH2004	—	—	—	—	—	—	0	0.0	0.00%	—	—	—	—	—	—	0.00%	0.0	—
19	IH2005	—	—	—	—	—	—	0	0.0	0.00%	—	—	—	—	—	—	0.00%	0.0	—
20	IH2006	3004.8	1	3004.8	3005.8	1	1	943	4.2	0.14%	5821	-193	2999.8	3010.0	2992.4	3005.0	0.00%	0.0	1

图 14-2　股指期货市场信息

（3）了解股指期货市场信息后，投资者可以更加详细地了解某一周股指期货的具体市场信息，如了解 IF2001，在图 14-2 所示的界面中，双击 IF2001，系统会展示 IF2001 的市场报价信息，如图 14-3 所示。

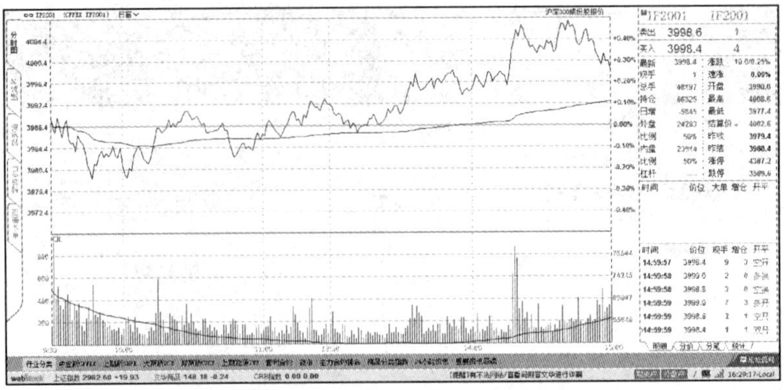

图 14-3　IF2001 的市场报价信息

从图 14-3 可以看出，股指期货 IF2001 在 2019 年 12 月 24 日下午 16：29 的市场报价为 3 998. 4 点，上涨 10. 0 点，涨幅 0. 25%，结算价为 4 002. 6 点，最高价为 4 008. 6 点，最低价为 3 977. 4 点，外盘为 24 283 手，内盘为 23 914 手，日增-5 874 点，涨停点为 4 387. 2 点，跌停点为 3 589. 6 点。24 日的最后一笔交易为在 3 998. 4 点增仓一手。

如果需要进一步了解 IF2001 的信息，投资者可以点击“分价”，了解 IF2001 更详细的交易信息。从图 14-4 中可以看出，IF2001 在价格 3 998. 4 点时，成交了 276 手，其中多方成交 173 手，共计 58 笔，占总成交量的 62. 68%，空方成交了 103 手，共计 44 笔，占总成交量的 37. 32%。

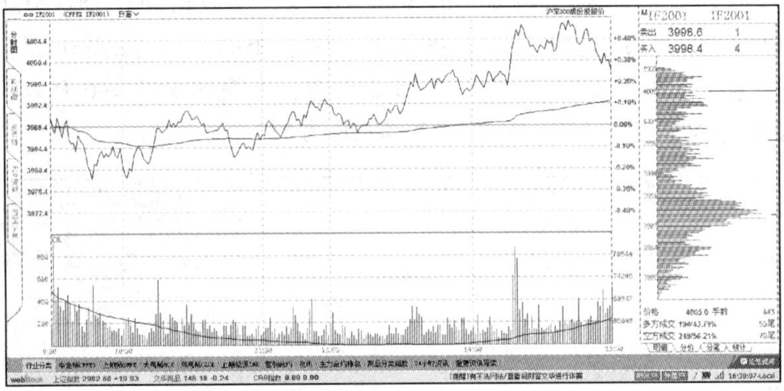

图 14-4　IF2001 的市场报价分析

（4）对股指期货进行分析后，可以进行市场模拟交易。进入赢顺云端股指期货交易模拟程序，点击“账户”—“期货账户”—“账户出入金”，弹出银行转账界面，如图 14-5 所示，系统有虚拟货币 9 950 万元，我们将虚拟货币转入期货账户中，即可开始进行交易。

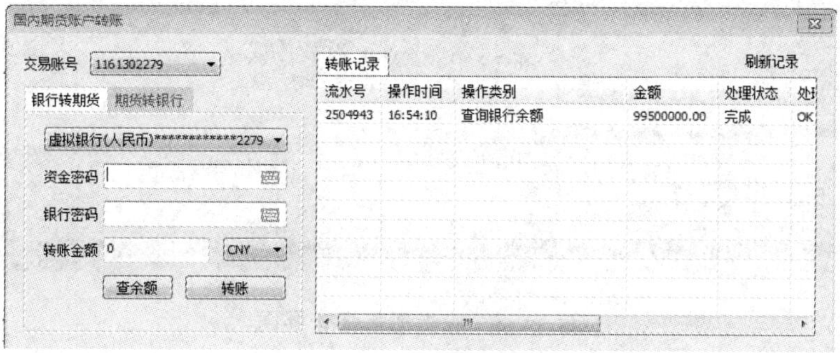

图 14-5　银行转账界面

（5）选择需买入的股指期货，本次选择 IF2001，右键单击 IF2001，弹出下单界面，如图 14-6 所示，选择买卖方向（买多）、委托类型、委托价格、委托数量（1 手），单击“确定”，完成股指期货下单操作。

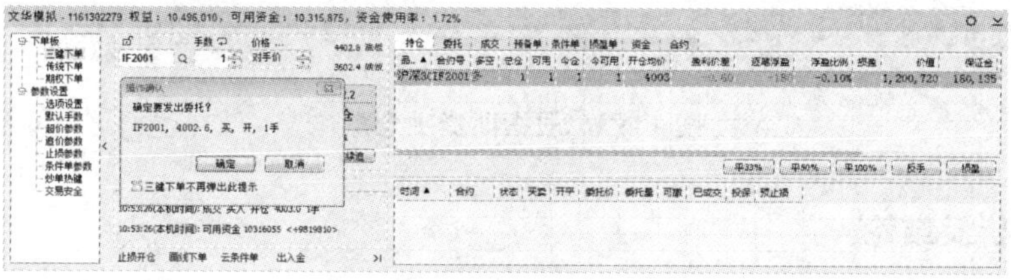

图 14-6　下单确认界面

（6）买开操作完成后，在持仓界面可以看到该股指期货的持仓盈利等信息。如图 14-7所示，开仓均价为 4 003 点，盈利价差为-1. 20，逐笔浮盈为-360，浮盈比例为-0. 20%，资金占比为 1. 72%等信息。

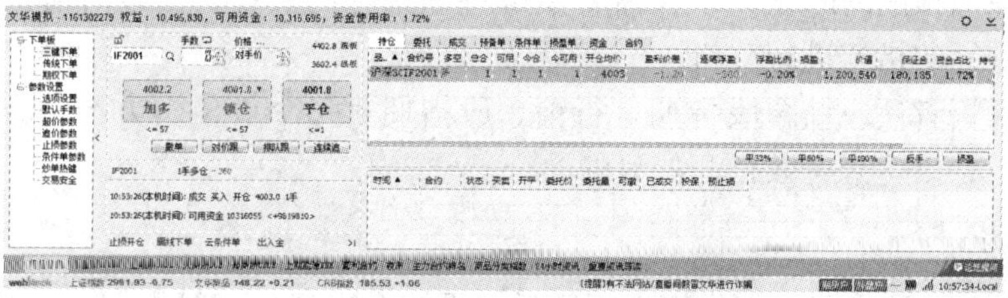

图 14-7　股指期货持仓界面示意图

（7）我们从图 14-7 可以看出，目前平仓是亏损的，我们可以等到盈利时选择平仓操作。如图 14-8 所示，股指期货在 11:00 产生了盈利，我们可以选择平仓（股指期货实行 T+0 交易，当天买入，当天可以平仓）。点击“平仓”，系统弹出平仓界面，如图 14-9 所示，确定委托数量（1 手）、买卖方向（卖），平仓。单击“确定”，完成平仓操作。

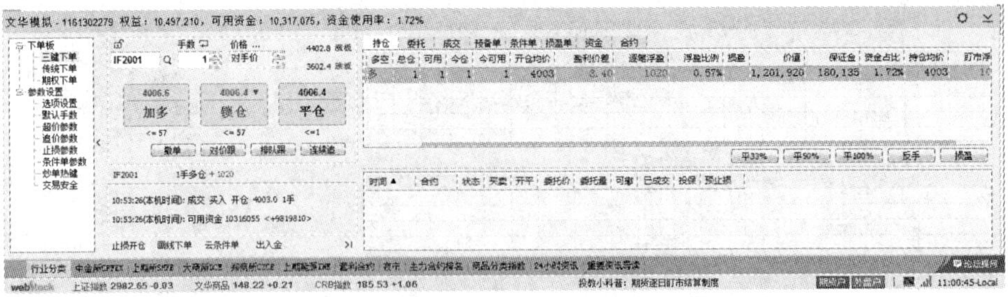

图 14-8　股指期货持仓界面

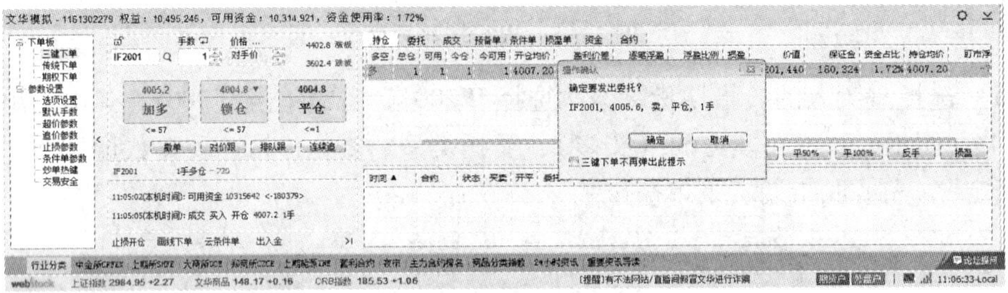

图 14-9　股指期货平仓操作

六、实验分析及结论

（一）实验分析

分析股指期货的相关指标，如内盘、外盘、买价、卖价等，并综合分析股指期货的行情。投资者还可以通过日线、年线、K 线观察股指期货的走势，预测股指期货价格未来的趋势，为进行股指期货投资做分析。

投资者在做预测的时候，不仅需要了解各项指标的具体含义及计算公式，而且应选择具有代表性的指标进行分析。

此外，投资者还应结合股指期货行情、股指期货每个价位多方与空方交易量比等指标进行分析，以达到有效预测的目的。

（二）实验结论

进入赢顺云端股指期货交易模拟程序后，系统会出现很多股指期货，投资者可以选择自己想了解的股指期货，进入单只股指期货界面查看股指期货价格走势、交易量等。

在网上进行股指期货交易买卖需要掌握基本的知识和操作流程，以免在操作时出现错误从而影响交易的进行。

第二节　金融衍生工具实验案例

《证券投资分析》实验报告（十三）

学生姓名：范其浩　　　　指导教师：唐平

实验项目名称：股指期货交易软件的基本操作方法、流程及技能

一、实验目的

通过对股指期货交易软件操作的练习，熟悉股指期货交易流程、股指期货交易操作方法及掌握股指期货交易技能。

二、实验要求

运用股指期货交易软件基本操作方法，熟悉股指期货交易软件的基本操作及掌握股指期货的交易技能。

本项实验为学生选作实验项目。

三、实验步骤

（1）打开赢顺云端股指期货交易模拟程序。

（2）进入页面后可以看到“股票”“期货”“期权”等，点击可以查看详情。

（3）点击界面左边的“期货”，查看“股指期货”“国债期货”的基本信息，并选择一只股指期货进行基本操作。

（4）鼠标左键双击 IF2003 这只股指期货，查看今天的价格走向，以及买卖最新成交价格信息。IF2003 成交价格如图 14-10 所示。

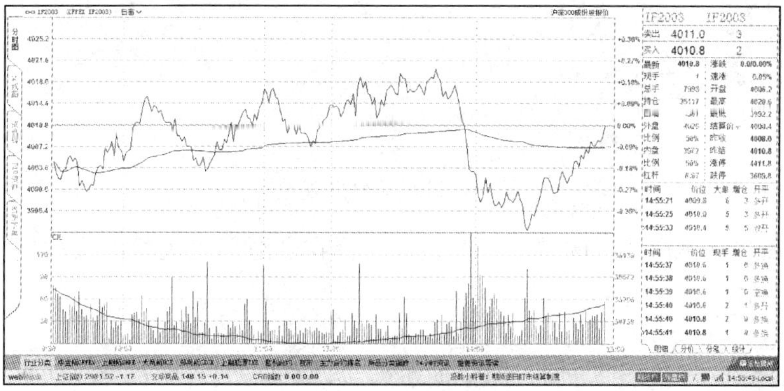

图 14-10　IF2003 成交价格

（5）点击“分价”，可以看到今天每个价位买方和卖方的成交量和占比，点击 K 线图，能看到具体走势。IF2003 分价图及日 K 图如图 14-11 所示。

IF2003 分价图（上）

日 K 图（下）

图 14-11　IF2003 分价图（上）及日 K 图（下）

（6）在 4 013. 8 这个点数对应的价位买入 100 股，进行建仓，如图 14-12 所示。

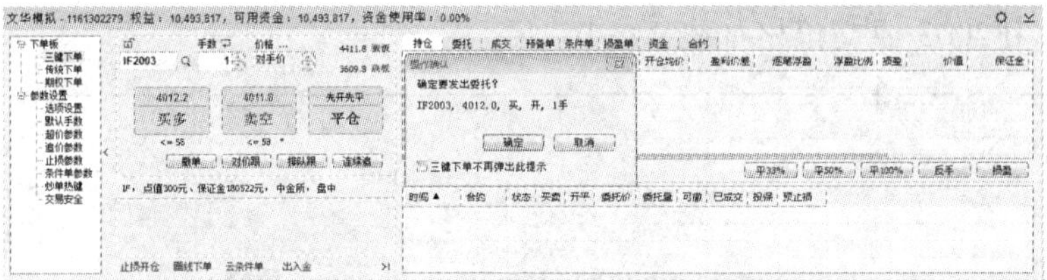

图 14-12　IF2003 建仓

（7）观察这只股指期货的盈亏情况，并选择在合适的时机卖出股指期货进行平仓，如图 14-13 所示。

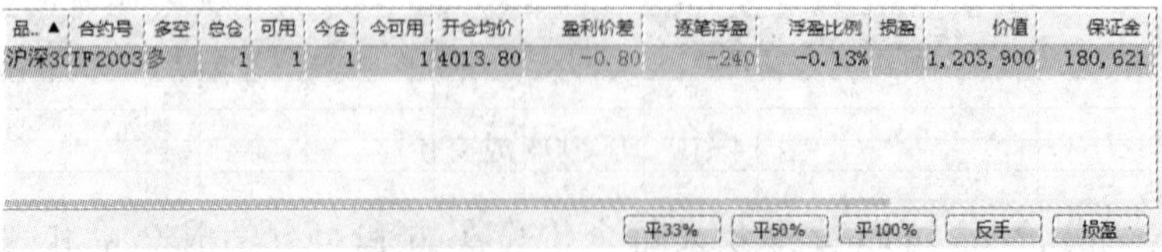

图 14-13　IF2003 平仓

（8）选择在 4 012 这个点位卖出 100 股，进行平仓操作，完成实验。IF2003 买卖信息如图 14-14 所示。

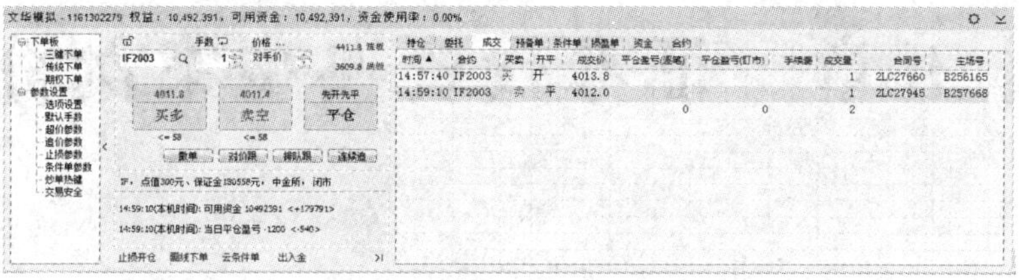

图 14-14　IF2003 买卖信息

四、实验分析及结论

投资者进入赢顺云端股指期货交易软件后，可以查看股指期货的走势、行情，以及某一只股指期货的涨跌额、涨跌幅、开盘价、收盘价、最高价、最低价、成交量、换手率、市盈率、市净率等相关的具体资料，也可以看到 K 线图、分时走势图等股指期货价格走势的图表，可以据此分析股指期货行情，综合考虑各种因素，大致分析所选股指期货的大致走向，分析股指期货的投资价值。

并且，投资者在分析股指期货走势时，不仅要掌握各项指标、参考数据的分析方法，还要了解国家的财政政策、货币政策、收入分配政策、证券市场的监管政策等宏观经济政策，市场因素和行业因素，以及利率、汇率等因素。

本实验选取 IF2003 这只股指期货，在买卖方向上，选取买多进行开仓，由于股指期货实行 T+0 交易制度，我们可以随时卖出，所以要仔细观察市场的变动情况，在合适的时机及时卖出平仓。我们应在实验中累积股指期货交易的经验，不断总结学习。

第十五章　证券投资典型案例分析

第一节　一字形 K 线的运用

【案例知识点】一字形 K 线的运用

【案例类型】运用案例

【案例来源】通达信行情软件

【案例时间】2015 年 4 月

【案例内容】暴风科技（300431）在 2015 年 4 月 3 日—2015 年 5 月 5 日连续 21 个涨停，且 K 线图以一字形 K 线为主（如图 15-1 所示）

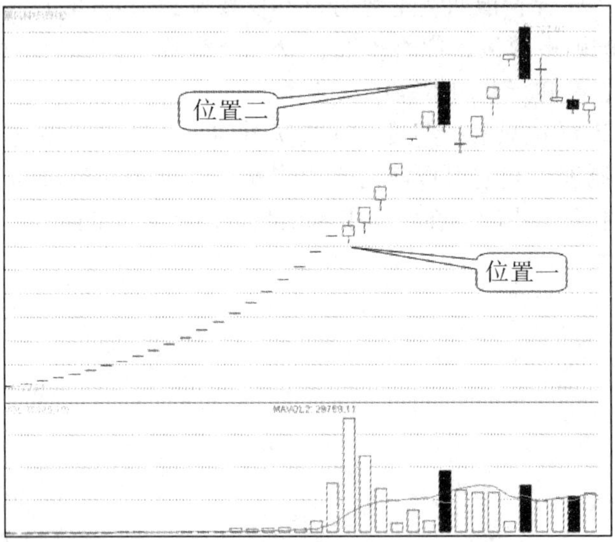

图 15-1　暴风科技（300431）在 2015 年 4 月 3 日—2015 年 5 月 5 日的 K 线图

【案例问题】

（1）根据案例，一字形 K 线的开盘价、收盘价、最低价和最高价是什么关系？

（2）根据案例，开盘即涨停，且牢牢封死在涨停板上的股票在收盘前被卖出是否合算？

（3）根据案例，在实际操作时可在什么位置卖出暴风科技？

【案例分析】

（1）一字形 K 线一天只有一个价格，开盘价、收盘价、最低价和最高价相等。

（2）开盘即涨停，且牢牢封死在涨停板上的走势，多数是因为受利好消息的影响，买盘云集，而持有者惜售，成交稀少。在当日没有成功买入的投资者会在次一交易日继续挂涨停价买入，所以次一交易日高开的可能性非常大。持有者不必急于在当天卖出，应等待其在次一交易日高开后卖出，若次一交易日继续一字形涨停，可继续推迟卖出时间。

（3）稳健型投资者可在位置一卖出，因为在次日盘中涨停被打开，成交量放大，说明大量的获利筹码在兑现，卖出压力很大。激进型投资者可在位置二卖出，因为当日筹码蜂拥而出，股价下跌明显。为了先行卖出手中的已获利筹码，大部分投资者不惜以跌停价卖出，恐慌情绪蔓延，若不在此位置卖出，后市将面临连续跌停的危险。

第二节　W 底形态特征

【案例知识点】W 底形态特征
【案例类型】运用案例
【案例来源】通达信行情软件
【案例时间】2015 年 9 月
【案例内容】如图 15-2 所示

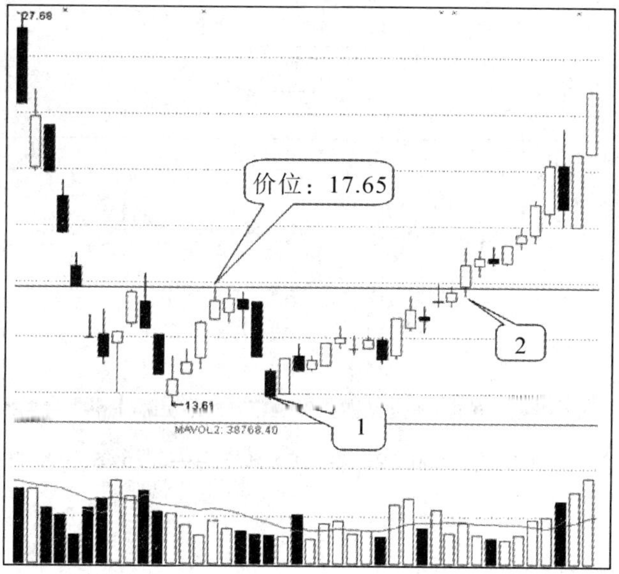

图 15-2　英特集团（000411）在 2015 年 8 月—2015 年 10 月的 K 线图

【案例问题】
（1）根据案例，图 15-2 的水平直线叫什么名字？起压力作用还是支撑作用？
（2）根据案例，图 15-2 的形态叫什么名字？
（3）根据案例，计算形态高度。

（4）根据案例，在实际操盘过程中，应该在位置 1 买入还是位置 2 买入？

【案例分析】

（1）图 15-2 的水平直线叫颈线，起压力作用。

（2）图 15-2 的形态可看成是三重底或者复合双重底。

（3）形态高度=颈线价位-底部价位=17.65-13.61=4.04（元）。

（4）可以分两步买入，在位置 1 买入少量，然后待颈线被突破后，在位置 2 大量买入。

第三节　运用 W 底形态预测股价

【案例知识点】W 底的运用

【案例类型】练习案例

【案例来源】通达信行情软件

【案例时间】2015 年 8 月

【案例内容】如图 15-3 所示

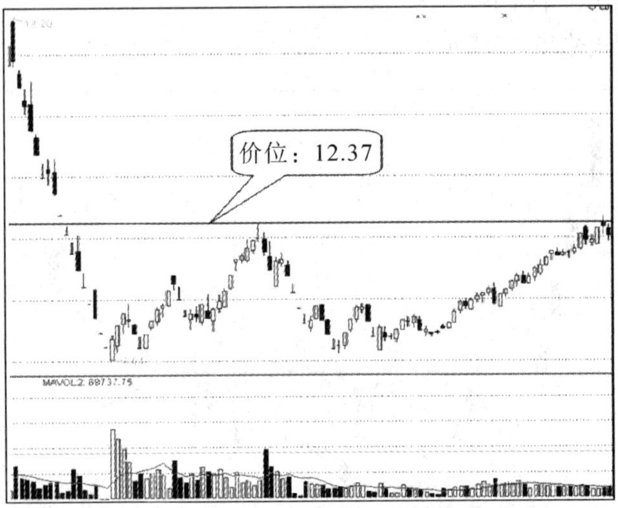

图 15-3　＊ST 狮头（600539）在 2015 年 7 月—2015 年 11 月的 K 线图

【案例问题】

（1）根据案例，计算形态高度。

（2）根据案例，预测该股后市走势。

【案例分析】

（1）形态高度=12.37-8.04=4.33（元）。

（2）该形态属于 W 底，股价往上突破颈线，后市上涨幅度至少要达到高于形态高度一倍。

第四节　M 头形态的特征

【案例知识点】M 头形态的特征

【案例类型】练习案例

【案例来源】通达信行情软件

【案例时间】2015 年 12 月

【案例内容】如图 15-4 所示

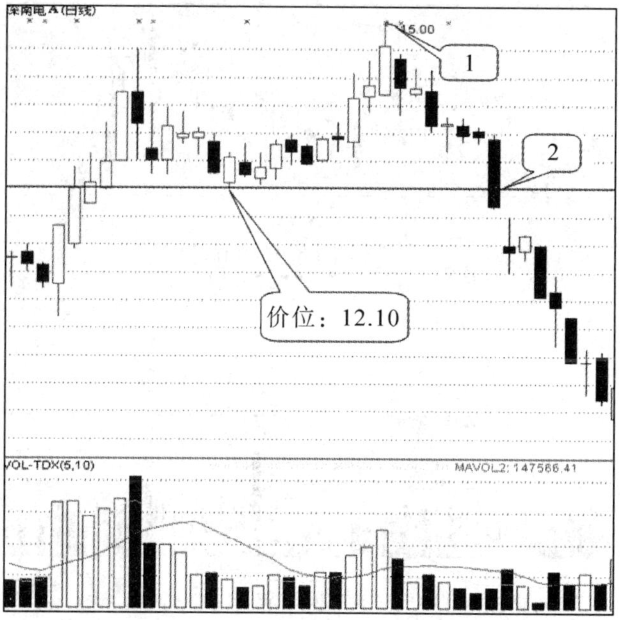

图 15-4　深南电 A（000037）在 2015 年 11 月—2015 年 12 月的 K 线图

【案例问题】

（1）根据案例，图 15-4 的水平直线叫什么名字？起压力作用还是支撑作用？

（2）根据案例，图 15-4 的形态叫什么名字？

（3）根据案例，计算形态高度。

（4）根据案例，在实际操盘过程中，应该在位置 1 卖出还是位置 2 卖出？

【案例分析】

（1）图 15-4 的水平直线叫颈线，起支撑作用。

（2）该形态两顶同高，股价往下突破颈线。该形态属于 M 头形态或双重顶形态。

（3）形态高度 = 头部价位 - 颈线价位 = 15 - 12.1 = 2.90（元）。

（4）可以分两步卖出，在位置 1 卖出少量，然后待颈线被突破后，在位置 2 全部卖出。

第五节　运用 M 头形态预测股价

【案例知识点】M 头形态的运用
【案例类型】练习案例
【案例来源】通达信行情软件
【案例时间】2015 年 12 月
【案例内容】如图 15-5 所示

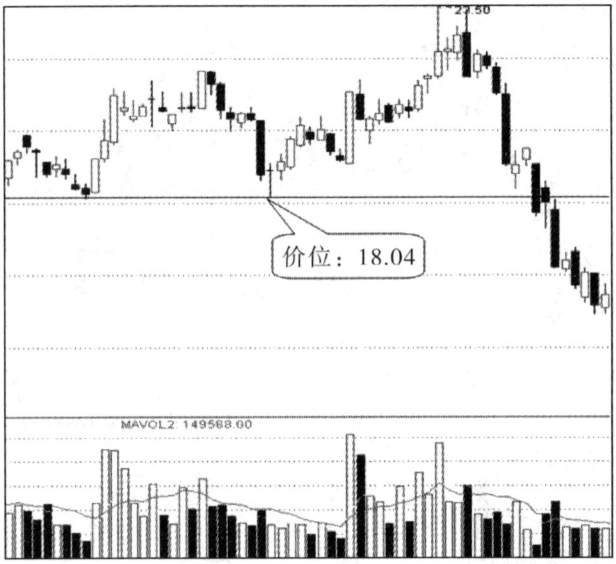

图 15-5　中集集团（000039）在 2015 年 11 月—2015 年 12 月的 K 线图

【案例问题】
（1）根据案例，计算形态高度。
（2）根据案例，预测该股后市走势。
【案例分析】
（1）形态高度＝23.50－18.04＝4.46（元）。
（2）形态属于 M 头，股价往下突破颈线，后市下跌幅度至少要达到少于形态高度的一半，目标价在 13.58 元以下。

第六节　股票投资价值估值

【案例知识点】现金流贴现模型的运用
【案例类型】练习案例

【案例来源】任课教师

【案例时间】2019 年 12 月

【案例内容】贵州茅台（600519）目前股息为 10 派 146 元，预期回报率为 6.5%，预计未来 3 年的增长率为 10%，3 年后的增长率为 5%，2019 年 11 月 29 日贵州茅台的市场价格为 1 129 元，如图 15-6 所示。

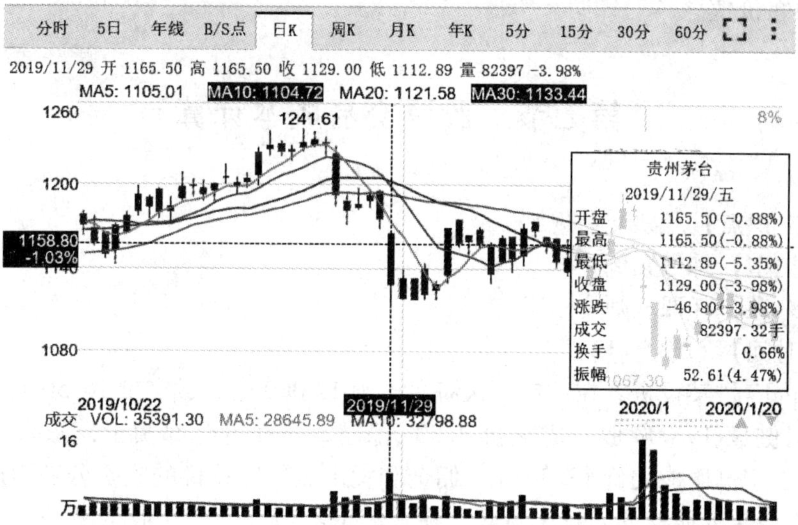

图 15-6　贵州茅台（600519）股息

【案例问题】

（1）计算贵州茅台股票的内在价值。

（2）分析贵州茅台股票内在价值与当前市场价格存在差异的原因。

【案例分析】

（1）贵州茅台股票的内在价值计算。

解答：

$$D_{L+1} = D_0(1+g_1)^t(1+g_2)$$

$$= 14.6 \times (1+0.1)^3(1+0.05)$$

$$= 20.404$$

$$V = \sum_{t=1}^{L} D_0 \frac{(1+g_1)^t}{(1+k)^t} + \frac{1}{(1+k)} \frac{D_{L+1}}{(k-g_2)}$$

$$V = 14.6 \times \sum_{t=1}^{3} \frac{(1+0.1)^t}{(1+0.065)^t} + \frac{1}{(1+0.065)^t} \times \frac{20.404}{(0.065-0.05)}$$

$$= 46.74 + 1\ 126.11$$

$$= 1\ 172.85(\text{元})$$

（2）贵州茅台股票内在价值与当前市场价格存在差异的原因。

解答：①股票的市场价格总是围绕其内在价值上下波动的，根据贵州茅台公司的基本财务数据和题目前提假设计算出股票内存价值为 1 172.85 元，而当前市场价格为

1 129元，说明市场价格略低于内在价值，市场价格被低估，投资者基于题目前提假设可以买入。

②由于题目中“预期回报率为 6.5%，预计未来 3 年的增长率为 10%，3 年后的增长率为 5%”是基于投资者的假设和预测，每个投资者对贵州茅台未来的财务状况的预测可能会有差异，对内在价值的估计略有不同，所以 1 172.85 元只是一个估值，而非一个确定内在价值。

第七节　股票交易成本计算

【案例知识点】股票交易规则

【案例类型】练习案例

【案例来源】任课教师

【案例时间】2019 年 12 月

【案例内容】某投资者在沪市买入海兴电力 12 000 股，成交价 16.50 元，同时在深市买入卫宁健康 10 000 股，成交价 7.50 元；12 个月后全部卖出，海兴电力成交价 13.10 元，卫宁健康成交价 13.30 元。佣金和卖出股票印花税的收费分别为成交金额的 0.3‰和 1‰，买入股票的印花税免收。在上海证券交易所，A 股交易经手费为按照成交金额的 0.048 7‰双边收取，A 股交易过户费为按照成交金额的 0.02‰双边收取。深市 A 股过户费、经手费免收。

【案例问题】

（1）计算买入股票的实际付出。

（2）计算卖出股票的实际收入，该投资者盈亏多少？

【案例分析】

解答：①买海兴电力：12 000×16.50＝198 000（元）。

经手过户费：198 000×（0.048 7‰+0.02‰）＝13.602 6（元）。

佣金：198 000×0.3‰＝59.4（元）。

198 000+13.602 6+59.4＝198 073.002 6（元）。

买卫宁健康：10 000×7.50＝75 000（元）。

佣金：75 000×0.3‰＝22.5（元）。

75 000+22.5＝75 022.5（元）。

买入两支股票共付出＝198 073.002 6+75 022.5＝273 095.502 6（元）。

②卖海兴电力：12 000×13.10＝157 200（元）。

佣金、印花税：157 200×（1‰+0.3‰）＝204.36（元）。

经手、过户费：157 200×（0.048 7‰+0.02‰）＝10.8（元）。

实际卖得：157 200−204.36−10.8＝156 984.84（元）。

卖卫宁健康：10 000×13.30＝133 000（元）。

佣金、印花税：133 000×（0.3‰+1‰）＝172.9（元）。

实际卖得：133 000-172.9=132 827.1（元）。

卖两支股票共收入：156 984.84+132 827.1=289 811.94（元）。

盈亏情况总盈利=-273 095.502 6+289 811.94=16 716.44（元）。

第八节　上市公司财务报表分析

【案例知识点】财务报表分析

【案例类型】练习案例

【案例来源】教材和任课教师

【案例时间】2019 年 12 月

【案例内容】某公司某年财务报表主要资料如表 15-1 和表 15-2 所示。

表 15-1　资产负债表

制单位：SA 公司　　××××年 12 月 31 日　　单位：万元

项目	期初数	期末数	项目	期初数	期末数
流动资产			流动负债		
货币资金	25	50	应付账款	209	200
应收账款	200	400	应付票据	4	5
存货	326	119			
			长期负债		
长期投资			长期借款	245	450
长期股权投资	45	45	负债合计	458	655
固定资产			股东权益		
固定资产原价	1 617	2 000	实收资本（或股本）	500	500
减：累计折旧	662	762	资本公积	10	16
固定资产净值	955	1 238	未分配利润	583	681
			股东权益合计	1 093	1 197
资产总计	1 551	1 852	负债及股东权益合计	1 551	1 852

表 15-2 利润表

制单位：SA 公司　　××××年 12 月 31 日　　单位：万元

项目	上年实际数	本年实际数
一、主营业务收入	2 850	3 000
减：主营业务成本	2 503	2 644
税金及附加	28	28
加：其他业务利润	36	20
减：销售费用	20	20
管理费用	40	46
财务费用	96	110
资产减值损失	-36	-30
加：公允价值变动收益		0
投资收益	24	40
二、营业利润	223	210
加：营业外收入	17	10
减：营业外支出	5	20
三、利润总额	235	200
减：所得税费用	75	64
四、净利润	160	136
五、每股收益		
（一）基本每股收益		
（二）稀释每股收益		
六、其他综合收益		
七、综合收益总额		

【案例问题】

（1）计算公司的流动比率。

（2）计算公司的速动比率。

（3）计算公司的存货周转率。

（4）假设期初期末坏账准备为 0，计算公司的应收账款周转率。

（5）计算公司的流动资产周转率。

（6）计算公司的总资产周转率。

（7）计算公司的已获利息倍数。

（8）计算公司的产权比率。

（9）计算公司的销售净利率。

（10）计算公司的销售毛利率。

（11）计算公司的资产净利率。

【案例分析】

（1）流动比率 $=\frac{\text{流动资产}}{\text{流动负债}}=\frac{50+400+119}{200+5}=2.78$。

（2）速动比率 $=\frac{\text{流动资产}-\text{存货}}{\text{流动负债}}=\frac{50+400}{200+5}=2.20$。

（3）存货周转率 $=\frac{\text{销售成本}}{\text{平均存货}}=\frac{2\ 644}{(326+119)\div 2}=11.88$。

（4）应收账款周转率 $=\frac{\text{营业收入}}{\text{平均应收账款}}=\frac{3\ 000}{(200+400)\div 2}=10$。

（5）流动资产周转率 $=\frac{\text{销售收入}}{\text{平均流动资产}}=\frac{3\ 000}{(569+551)\div 2}=5.36$。

（6）总资产周转率 $=\frac{\text{销售收入}}{\text{平均资产总额}}=\frac{3\ 000}{(1\ 551+1\ 852)\div 2}=1.76$。

（7）已获利息倍数 $=\frac{\text{税息前利润}}{\text{利息费用}}=\frac{200+100}{110}=2.82$。

（8）产权比率 $=\frac{\text{负债总额}}{\text{股东权益}}\times 100\%=\frac{655}{1\ 197}\times 100\%=54.72\%$。

（9）销售净利率 $=\frac{\text{净利润}}{\text{销售收入}}\times 100\%=\frac{136}{3\ 000}\times 100\%=4.53\%$。

（10）销售毛利率 $=\frac{\text{销售收入}-\text{销售成本}}{\text{销售收入}}\times 100\%=\frac{3\ 000-2\ 644}{3\ 000}\times 100\%=11.87\%$。

（11）资产净利率 $=\frac{\text{净利润}}{\text{平均资产总额}}\times 100\%=\frac{136}{(1\ 551+1\ 852)\div 2}=7.99\%$。

参考文献

[1] 崔越，李世平. 证券投资实验 [M]. 北京：经济科学出版社，2018.

[2] 唐更华，陈工孟. 证券投资实务实验教程 [M]. 北京：经济管理出版社，2017.

[3] 中国证券业协会. 证券交易 [M]. 北京：中国金融出版社，2012.

[4] 中国证券业协会. 证券投资分析 [M]. 北京：中国金融出版社，2012.

[5] 中国证券业协会. 证券市场基础知识 [M]. 北京：中国金融出版社，2012.

[6] 赵鹏飞. 证券投资实验教程 [M]. 北京：中国人民大学出版社，2014.

[7] 期货从业人员资格考试辅导教材编委会. 期货及衍生品基础 [M]. 北京：企业管理出版社，2016.

[8] 杨伯元，张健. 证券投资实验实训教程 [M]. 2版. 南京：东南大学出版社，2016.

[9] 唐平. 证券投资分析 [M]. 重庆：重庆大学出版社，2018.

[10] 史蒂夫·尼森. 日本蜡烛图技术：古老东方投资术的现代指南 [M]. 丁圣元，译. 北京：地震出版社，1998.

[11] 唐平，刘燕. 基于宏观经济变量的中国股市波动分析 [J]. 财经科学，2008 (6)：18-24.